Si este libro le ha interesado y desea que lo mantengamos
informado de nuestras publicaciones, puede escribirnos a
comunicacion@editorialsirio.com,
o bien suscribirse a nuestro boletín de novedades en:
www.editorialsirio.com

Título original: The Here and Now Habit
Traducido del inglés por Francesc Prims
Diseño de portada: Editorial Sirio, S.A.

©   de la edición original
     2016 Hugh G. Byrne

©   de la presente edición
     EDITORIAL SIRIO, S.A.

EDITORIAL SIRIO, S.A.	NIRVANA LIBROS S.A. DE C.V.	DISTRIBUCIONES DEL FUTURO
C/ Rosa de los Vientos, 64	Camino a Minas, 501	Paseo Colón 221, piso 6
Pol. Ind. El Viso	Bodega nº 8,	C1063ACC
29006-Málaga	Col. Lomas de Becerra	Buenos Aires
España	Del.: Alvaro Obregón	(Argentina)
	México D.F., 01280	

www.editorialsirio.com
sirio@editorialsirio.com

I.S.B.N.: 978-84-16579-68-6
Depósito Legal: MA-840-2016

Impreso en Imagraf Impresores, S. A.
c/ Nabucco, 14 D - Pol. Alameda
29006 - Málaga

Impreso en España

Puedes seguirnos en Facebook, Twitter, YouTube e Instagram.

3 1223 12181 8471

Hugh **G. Byrne**

EL
HÁBITO DEL
AQUÍ
AHORA

EDITORIAL
SIRIO

A mi madre, Kathleen Byrne,
con amor y gratitud.

Prólogo

Estaba en la universidad, en medio de los exámenes finales, cuando escuché por primera vez la frase: «La manera en que vives hoy es la manera en que vives tu vida». Mi mente se fijó de inmediato en mi agotamiento después de haberme pasado toda la noche estudiando, en el hecho de que no había salido a correr durante una semana y en mis pensamientos críticos en relación con un atracón de helado que me había dado recientemente. La idea de que estos hábitos eran un reflejo de mi vida me incomodaba. Sin embargo, con el tiempo, lo que al principio parecía adverso y agobiante acabó por empoderarme. Este cambio se produjo cuando me di cuenta de que hoy, justo en este momento, puedo llevar la atención más a lo profundo y cultivar hábitos que contribuyan a mi sanación y libertad.

Nuestros hábitos (nuestra forma de pensar, hablar, sentir y actuar) tienen un impacto directo en nuestro bienestar. En general, refuerzan los patrones que conforman toda nuestra experiencia de vida.

Nuestros hábitos determinan si estamos dispuestos a escuchar cuando nuestro hijo está tratando de comunicarse y si estamos cuidando correctamente de nuestros cuerpos y nuestras mentes a medida que envejecemos. Nuestros hábitos determinan si llevamos toda nuestra inteligencia a lo que hacemos y si somos capaces de disfrutar de la belleza y el misterio del momento. Si queremos vivir una vida en la que seamos fieles a nosotros mismos, en que recordemos lo que más nos importa y expresemos nuestra creatividad y nuestro amor natural, tenemos que examinar nuestros hábitos con honestidad.

Los hábitos son como las corrientes que crean los lechos de los ríos: con un flujo constante de agua, los lechos se convierten en cauces profundos. Y, sin embargo, si se redirige el flujo, los ríos pueden ser desviados. La neuroplasticidad hace que esto sea posible: las rutas del cerebro (incluidos los cauces de los hábitos que afectan a nuestro bienestar) se pueden alterar según la forma en que dirijamos nuestra atención. A donde va la atención, fluye la energía. Es esencial que nuestra conciencia atenta guíe este flujo de tal manera que nos ayude a alcanzar nuestro pleno potencial.

Las enseñanzas budistas, la psicología contemporánea y los últimos hallazgos de la neurociencia, todo ello converge en un principio sencillo: al llevar nuestra atención consciente a nuestros hábitos de pensamiento, sentimiento, palabra y acción, podemos transformar incluso los patrones más dolorosos y limitantes. Con el fin de efectuar cambios, tenemos que ser testigos de nuestros hábitos con una presencia comprometida que no juzgue y con un corazón tierno y solícito.

Desde una perspectiva evolutiva, la capacidad de la atención plena es un desarrollo algo reciente; surgió (junto con la empatía, la compasión y las habilidades del pensamiento ejecutivo) del crecimiento de la corteza frontal de nuestro cerebro. Sin la atención, nuestros hábitos se verían enteramente conducidos por las energías primitivas de la atracción (el deseo) y la aversión (el miedo). La atención plena o mindfulness nos permite hacer evolucionar nuestra consciencia e influir en nuestra experiencia de vida por medio de llevar la atención a los hábitos que nos impiden alcanzar nuestro potencial. Con la atención plena, podemos identificar los impulsos que hay detrás de nuestros comportamientos automáticos y reactivos y ver la manera en que ejercen un impacto sobre nuestras vidas y las personas que nos rodean. Y podemos cultivar hábitos que nos ayuden a desarrollar las intenciones más profundas de nuestro corazón.

Hay buenos volúmenes sobre estrategias para cambiar los hábitos, así como una literatura creciente sobre meditación. El libro que tienes entre las manos aborda la intersección dinámica y esencial de estos dos campos: la aplicación de la atención plena o mindfulness a los hábitos. Su autor, Hugh Byrne, un buen amigo y colega muy respetado que ha ayudado a miles de estudiantes a llevar a cabo cambios positivos y duraderos, es el guía ideal para acompañarnos a investigar en este terreno. Hugh lleva tres décadas practicando la meditación y más de quince enseñando mindfulness. Con un estilo claro y accesible, te ayudará a entender las últimas investigaciones científicas relacionadas con los hábitos y te presentará las estrategias más avanzadas que pueden ayudarnos a cambiarlos. Vas a aprender habilidades para hacer frente a las conductas adictivas, las barreras a la intimidad, la dura autocrítica, la dilación y otras formas de autosabotaje.

Y, lo más importante, descubrirás que incluso los hábitos más difíciles se transforman a medida que diriges tu presencia solícita a tu vida interior. Hugh te mostrará cómo, mediante la práctica del mindfulness, puedes desarrollar una relación inteligente y sanadora con las necesidades no satisfechas que impulsan los hábitos inútiles. Esto abonará el terreno para que puedas cultivar nuevos hábitos que aporten a cada aspecto de tu vida más presencia, alegría y tranquilidad.

¿Recuerdas la frase que me llamó la atención en la universidad? Ahora pienso en una versión ligeramente diferente de ella: «La manera en que vives este momento es la manera en que vives tu vida». Si llevas a cabo las prácticas que se ofrecen en este libro, este momento pasará a contener profundas posibilidades. En este momento, puedes optar por ofrecer tu atención compasiva a tus hábitos limitantes e improductivos; en este momento, puedes manifestar aún más la plena capacidad que tienes para experimentar y expresar tu amor y tu sabiduría. El hábito del aquí y ahora ofrece un mapa ideal para este viaje. Espero que te ayude a hallar la libertad y a encontrarle más sentido a tu vida.

TARA BRACH,
doctora en Psicología Clínica y
autora de *Aceptación radical* y *Refugio verdadero*

Introducción

Se ha dicho que enseñamos mejor lo que más necesitamos aprender. Esta ha sido mi experiencia al estudiar cómo se forman los hábitos y por qué puede ser tan difícil cambiarlos (y al explorar el papel del mindfulness a la hora de cambiar mis propios hábitos no saludables).

Hace ya más de veinticinco años que practico el mindfulness, y los beneficios que he obtenido de ello han sido profundos. Esta práctica me ha ayudado a traer más paz, aceptación y tranquilidad a mi vida, y ha reducido mi estrés y mi sufrimiento. Sin embargo, hasta hace poco era todavía inconsciente de ciertos hábitos míos que me estaban ocasionando sufrimiento (esta tiende a ser la naturaleza de los hábitos: operan «bajo el radar» para ser indetectables). Fue solamente cuando me sumergí en la investigación de los hábitos y su poder (y cuando giré el foco de mi atención hacia el interior) cuando vi que había ciertos patrones de pensamiento y comportamiento que me conducían al estrés y la desconexión. Me di cuenta de cómo, por ejemplo, en situaciones en las que tenía que esperar (por por ejemplo, en las tiendas, en el teléfono, en el tráfico...) experimentaba a menudo sensaciones desagradables de tensión, agobio y confinamiento, acompañadas por el pensamiento: «Tengo que cambiar esto». Mi respuesta era siempre algún comportamiento derivado de la impaciencia.

También me di cuenta de que tenía el hábito de posponer las tareas y responsabilidades que me parecían difíciles o desafiantes y que solo las abordaba cuando pasaba a ser realmente urgente hacerlo. Aunque no era un postergador crónico, experimentaba demasiada poca tensión y preocupación en relación con aquello de lo que tenía que ocuparme.

Otro hábito personal que observé fue la tendencia a distraerme. Vi que, si no estaba expresamente presente, mi atención se iba fácilmente a lo que era más visible, audible, brillante o emocionante (a mi pareja, Rebecca, este hábito mío la incomodaba mucho; por ejemplo, cuando mi atención se dirigía a un nuevo mensaje en mi iPad mientras estábamos cocinando juntos).

Tal vez mi hábito personal más difícil era el hecho de que cuando las exigencias y presiones de la vida se volvían intensas, me quedaba atrapado en pensamientos de ansiedad y preocupación: «¿Cómo voy a hacer todo esto?». Esto me llevaba, en ocasiones, a temporadas difíciles en las que no dejaba de pensar que tenía demasiado por hacer y demasiado poco tiempo para hacerlo.

El hecho de llevar el mindfulness a estos hábitos (y el hecho de reflexionar sobre cómo había podido deshacerme de malos hábitos anteriores, tales como el fumar y el comer en exceso) me mostró el poder de la conciencia a la hora de transformar los hábitos inútiles y no deseados.

No pretendo decir que he hecho todo el trabajo y que todos mis hábitos no saludables son ya cosa del pasado. Pero he aprendido (a partir de mi propia experiencia y de trabajar con muchos de mis alumnos) que el mindfulness es el mejor camino hacia la construcción de hábitos más saludables y hacia una vida más caracterizada por la libertad y la tranquilidad.

Casi todos nosotros hemos contraído o contraeremos hábitos que no son saludables, que no sirven verdaderamente a nuestros intereses o que no satisfacen realmente nuestras necesidades. Todos tratamos de resolver patrones de pensamiento y comportamiento que pueden ser difíciles de cambiar. La atención consciente puede ayudarte a abandonar los patrones no saludables y a crear otros nuevos, más beneficiosos. Puede ser que comas en exceso o fumes, pienses de forma negativa, trabajes demasiado, te pierdas en distracciones tales como las redes sociales y la televisión o consumas mucho alcohol u otras sustancias... En cualquiera de los casos, las prácticas de mindfulness que se ofrecen en este libro pueden ayudarte a liberarte de estos patrones y sanar tu mente y tu corazón.

El mindfulness no es una solución rápida. Cualquiera que sugiera que cambiar los hábitos es algo rápido o fácil de conseguir está vendiendo humo. Así como requiere tiempo forjar los hábitos (tanto los saludables como los no saludables), requiere tiempo y esfuerzo cambiarlos.

Se trata de una práctica (un entrenamiento de la mente) que se cultiva con m tiempo, esfuerzo y determinación. Pero, como verás, el mindfulness (que es la atención consciente a la experiencia del momento presente) es el antídoto natural de los hábitos no saludables, que son *inconscientes* y *automáticos*. El mindfulness te abrirá el camino para que puedas tomar decisiones más saludables y útiles. Luego, una vez que las decisiones que tomes acerca de cómo actuar y vivir estén alineadas con tus verdaderos intereses y bienestar, podrás vivir con mayor libertad.

En este preciso momento, tal vez pienses que tus hábitos no saludables o inútiles reflejan algo esencialmente cierto acerca de quién eres. Al considerar los hábitos que no quieres tener, acaso pienses: «Algo está mal en mí», «Soy imperfecto» o incluso «Soy una mala persona». Tal vez has tratado de cambiarlos y has llegado a la conclusión de que eres débil, incapaz de hacerlo o un fracasado. Sin embargo, los hábitos no deseados son el resultado de procesos naturales más que de defectos del carácter. Surgen de nuestros intentos de satisfacer nuestras necesidades (por ejemplo, nuestra necesidad de sentir alivio o protección o seguridad).

Si un comportamiento que adoptamos en un intento de satisfacer una necesidad tiene potentes beneficios a corto plazo, es probable que lo repitamos, aunque presente inconvenientes a largo plazo. Esto es así porque nuestras mentes están sobre todo interesadas en cómo nos sentimos *en este momento*; y, en este sentido, el alivio inmediato que se experimenta al encender un cigarrillo o relajarse en el sofá delante del televisor parece más convincente que los efectos adversos para la salud del hábito de fumar o no hacer suficiente ejercicio. Cuando se repite asiduamente en condiciones semejantes, el comportamiento se vuelve automático e inconsciente, y resulta difícil cambiarlo.

Piensa que tener hábitos no saludables es como haberte perdido: estás en un camino que no conduce a donde quieres ir. Tu tarea es encontrar el camino de regreso a casa: esto es, debes hacer que tus pensamientos y tus acciones sean coherentes con tus intenciones y necesidades más profundas. El mindfulness ofrece una manera fiable de volver a casa; las habilidades conscientes de la atención, la benevolencia y la aceptación pueden ayudarte a transformar los hábitos poco saludables en una forma de ser que exprese la libertad y la paz interior.

Este libro está dividido en dos partes. En la primera parte (capítulos 1 y 2) vamos a examinar cómo se forman los hábitos y por qué puede ser difícil cambiarlos. Verás como el mindfulness, al traer a la luz de la conciencia lo que pasó a ser inconsciente y automático, puede proporcionar una hoja de ruta única para el cambio de hábitos. Los cuatro tipos principales de hábitos son estos: los hábitos de *deseo* (anhelar o buscar comida, bebida, sexo o cualquier otro objeto de deseo), los hábitos de *distracción* (salir de la experiencia actual e implicarse en algo más atractivo o emocionante, como entrar en las redes sociales o ver la televisión), los hábitos de *resistencia* (tratar de distanciarse de aquello que nos parece desagradable o difícil) y los hábitos de *acción* (sentirse estresado, yendo siempre a otro lugar, desconectado del presente).

Comprender nuestro cerebro y cómo se forman los hábitos es solo el primer paso. Con el fin de cambiar los patrones de comportamiento arraigados, tendrás que entrenar tu mente a propósito para que abandone los patrones inútiles de pensamiento y comportamiento mientras aprendes a cultivar hábitos que afirman más la vida. Con esta finalidad, en la segunda parte, los capítulos 3 a 9 presentan prácticas de mindfulness y meditaciones guiadas para ayudar a liberarte de los hábitos no saludables, cultivar hábitos más beneficiosos, aumentar la felicidad y vivir con mayor tranquilidad. (Para descargarte estas prácticas en audio [en inglés] visita el sitio web www.newharbinger.com/32370).

La efectividad de estas prácticas y meditaciones ha sido constatada durante más de dos mil años por quienes las han efectuado, y han logrado revelar el poder que tienen a la hora de contribuir a la felicidad y el bienestar. Los resultados recientes de la neurociencia confirman lo que los practicantes del mindfulness saben desde hace tiempo: que el mindfulness provoca cambios positivos en el cerebro y estimula mejoras en la salud mental y emocional.

En el capítulo 10 del libro examinaremos cómo los hábitos no saludables en el terreno de la comunicación pueden conducir a problemas interpersonales, y vamos a ver algunas prácticas destinadas a aplicar el mindfulness a la comunicación. A continuación, vamos a ver formas de transformar hábitos y creencias colectivos nocivos que podemos haber absorbido inconscientemente como miembros de ciertos grupos de la sociedad. Concluiremos con algunos consejos para establecer una práctica asidua de meditación y llevar el mindfulness a la vida diaria.

Una nota lingüística: no utilizo la expresión *malos hábitos* en este libro, porque el hecho de etiquetar un patrón de pensamiento o acción como «malo» tiende a solidificarlo y da a entender que es algo de lo que la persona tiene que librarse o que tiene que alejar.

Es más útil etiquetar los hábitos en función de sus consecuencias. Del mismo modo, si un hábito causa un daño, como ocurre con el tabaquismo o la adicción al alcohol o las drogas, términos mejores que *malo* son *perjudicial*, *dañino* o *nocivo*. Si un hábito tiene consecuencias negativas para la salud, como ocurre a menudo con el estrés y la ansiedad, un término mejor que *malo* es la denominación *no saludable*. Si una forma habitual de pensar o de actuar no es necesariamente perjudicial o no saludable pero sentimos que no contribuye al cumplimiento de nuestros objetivos o intenciones, en lugar de etiquetarla como *mala*, es mejor decir que es *inútil* o *no deseada*.

El mindfulness te invita a llevar la atención, con curiosidad y benevolencia, a lo que sea que estés experimentando (pensamientos, emociones, ansias, impulsos, sensaciones...) y a ver que estos fenómenos no son intrínsecamente *buenos* o *malos*, sino impersonales y transitorios. La clave para encontrar la libertad en medio de las experiencias desafiantes y difíciles es recibirlas con aceptación y compasión. El hecho de describir un hábito que te gustaría cambiar como *poco saludable*, *perjudicial* (o *dañino*, o *nocivo*), *inútil* o *no deseado* te ayudará a relacionarte con tu experiencia de forma amable, no crítica.

Te invito a que intentes explorar estas habilidades y prácticas y compruebes por ti mismo lo que he anunciado.

PRIMERA PARTE

PREPARANDO EL TERRENO

CAPÍTULO 1

COMPRENDER LOS HÁBITOS

Nos convertimos en aquello que hacemos repetidamente.

SEAN COVEY,
Los 7 hábitos de los adolescentes altamente efectivos

Es probable que consideres que eres un ser racional cuya vida está guiada por tus elecciones, planes e intenciones. Cuando decides comer algo dulce, consultar el correo electrónico o tomar una ruta en concreto para ir al trabajo, lo estás haciendo así porque has llevado a cabo una elección consciente (o eso es lo que crees).

Acaso te sorprenda saber que casi la mitad del tiempo haces lo que haces porque lo has hecho antes en circunstancias similares. Los investigadores han descubierto que entre un tercio y la mitad de todos los comportamientos tienden a repetirse en la misma ubicación física todos los días (Wood, Quinn y Kashy, 2002, 1286). En otras palabras: son hábitos.

Comprender cómo se forman los hábitos y por qué puede ser difícil cambiarlos y saber maneras de transformarlos es un paso importante hacia la búsqueda de una mayor paz y libertad. Cuanto mejor conozcas tus hábitos y cuanto más arrojes la luz de tu conciencia en ellos, más capaz serás de alinear tus acciones con tus valores más profundos. Esta capacidad puede ser una fuente de poder y libertad.

¿QUÉ SON LOS HÁBITOS?

Los hábitos son comportamientos que se han desarrollado a través de la repetición en el tiempo. Son cosas que has hecho tantas veces que ahora las realizas automáticamente. El filósofo William James escribió hace ya más de ciento veinticinco años:

> Cualquier secuencia de acción mental que se ha repetido con frecuencia tiende a perpetuarse; por lo que sentimos el impulso automático de pensar, sentir o hacer aquello que nos hemos acostumbrado a pensar, sentir o hacer en circunstancias similares, sin ningún propósito consciente ni anticipación de los resultados (James, 1890, 112).

La ciencia moderna confirma la evaluación que hizo James de los hábitos: la repetición de una acción en un contexto similar conduce, con el tiempo, a comportamientos que se ven activados por ciertas señales contextuales (horas, lugares, sentimientos, etc.) más que por la intención consciente. Esto significa que el comportamiento se vuelve más como un reflejo; es algo que se ve desencadenado por el lugar donde nos encontramos, la hora que es, las personas con quienes estamos, la forma en que nos sentimos o aquello que estamos pensando. En otras palabras, llevamos a cabo la acción de forma automática cada vez que las circunstancias nos invitan a ello. En este punto, el comportamiento ya no tiene que ver directamente con nuestras intenciones o nuestro objetivo original. No somos conscientes, o apenas lo somos, del motivo por el cual tenemos ese comportamiento, e incluso puede ser que no seamos conscientes de lo que estamos haciendo. Es como si estuviéramos funcionando en piloto automático.

Pero los hábitos no son una aberración, una especie de falla en nuestro cableado evolutivo. Charles Duhigg, autor del bestseller *El poder de los hábitos: por qué hacemos lo que hacemos en la vida y en la empresa*, explica que los hábitos son la manera que tiene el cerebro de conservar la energía, al permitir que la mente desacelere más a menudo, y señala sus beneficios evolutivos:

> Un cerebro eficiente requiere menos espacio, lo que permite que la cabeza sea más pequeña, lo cual a su vez hace que el parto sea más fácil, lo que hace que haya un menor número de decesos de niños y madres. Un cerebro eficiente también nos permite no tener que pensar constantemente acerca de comportamientos básicos tales como caminar y elegir qué comer, por lo que podemos dedicar energía mental a inventar lanzas, sistemas de riego y, finalmente, aviones y videojuegos (Duhigg, 2012, 18).

Los seres humanos somos animales de costumbres, y esto no es algo malo, porque los hábitos no son intrínsecamente buenos o malos. Normalmente, los hábitos comienzan como comportamientos que llevamos a cabo para lograr un objetivo. Por ejemplo, nos cepillamos los dientes y utilizamos el hilo dental para prevenir la caries y fomentar la buena salud;

o alguien conduce hasta la estación para tomar el tren para ir a trabajar; o alguien come un helado para aliviar su soledad o aburrimiento.

Los hábitos se conforman con la finalidad de ayudarnos a ser eficientes. Piensa en lo complejas y estresantes que serían nuestras vidas si todas nuestras actividades cotidianas tuvieran que ser fruto de la deliberación y la toma de decisiones. Conducir un coche, por ejemplo, sería una actividad mucho más compleja y difícil si tuviéramos que volver a aprender las normas de circulación cada vez que nos ponemos al volante.

Aun así, a veces nuestros hábitos van en contra de los objetivos, necesidades y valores que tenemos a largo plazo. Es fácil contraer hábitos que nos aportan alivio pero que no nos son útiles o no reflejan nuestras necesidades más profundas. Los hábitos pueden distanciarnos de nuestras propias vidas o pueden evitar que establezcamos una conexión más profunda con nuestros seres queridos y con el mundo. A veces pueden ser perjudiciales, no saludables e incluso mortales.

EL PRECIO QUE PAGAMOS POR LOS HÁBITOS NO SALUDABLES

Estos son algunos hábitos no saludables habituales:

- Comer, beber alcohol, consumir drogas, fumar, acudir al sexo, ir de compras, trabajar en exceso o engancharse a los juegos de azar para sentirse mejor o evitar sentir algo desagradable (por ejemplo, ansiedad, soledad o incertidumbre).
- Comportamientos que se llevan a cabo de forma continua o compulsiva (comprobar los mensajes recibidos en el teléfono móvil, navegar por Internet, ver la

televisión...), lo que drena el tiempo y la energía de la persona y la hace estar ausente de su vida, su familia y el momento presente.

- Tener pensamientos, emitir palabras o exhibir comportamientos enojados, de tal forma que ello le ocasione dolor a uno mismo o a los demás: por ejemplo, mostrar frustración con el personal de las tiendas o en las conversaciones telefónicas, conducir con impaciencia, enviar correos electrónicos airados, sentirse molesto o enfadado con miembros de la familia (o con amigos o compañeros de trabajo) o juzgarse uno a sí mismo o a los demás de forma negativa.

- Tener la sensación de estar siempre en marcha, de estar siempre yendo a alguna parte o de tener siempre una lista de tareas pendientes.

- Preocuparse por el futuro e imaginar escenarios negativos o atemorizantes.

- Pasar mucho tiempo pensando en el pasado (en aquello que hicimos, aquello que podríamos haber hecho de otra manera o aquello que nos han hecho).

- Aplazar (encontrar maneras de dejar de lado determinadas tareas o proyectos que hay que abordar).

Puede ser que estos hábitos creen sufrimiento a quien los tiene y que también estén perjudicando a otros. Como mínimo, no están al servicio de las necesidades, los objetivos a largo plazo o las intenciones más profundas de la persona. Piensa en las formas en que la necesidad constante de estar conectado a Internet puede separarle a uno de sus seres queridos, o cómo tomar chucherías sin ton ni son puede hacer que uno se autocritique y se sienta separado de sí mismo. El consumismo puede mantenernos encerrados en patrones que entran en conflicto con nuestro sentido más profundo de lo que es bueno para nosotros. Incluso los hábitos de distracción, como mordernos las uñas, tararear o levantarnos la piel que tenemos junto a las uñas cuando nos sentimos nerviosos o ansiosos nos impiden estar completamente presentes en la vida (y experimentar las alegrías y los dolores que van pasando).

La historia de Roy

Uno de mis estudiantes, Roy, ha dejado los cigarrillos, el alcohol y las drogas. Pero sigue siendo víctima de algo que le ocasiona sufrimiento desde hace mucho tiempo: el ansia de dulce —un problema que ha sido comparado con la adicción a la heroína (Avena, Rada y Hoebel, 2008)—.

Este anhelo lo asalta con mayor fuerza una o dos horas antes del momento de acostarse. Casi todas las noches Roy come un tazón grande de helado o un plato de galletas a pesar de ser diabético, por lo que después se siente mal, tanto física como emocionalmente.

El ansia de Roy es habitual. Michael Moss, en su potente libro *Salt, Sugar, Fat: How the Food Giants Hooked Us* («La sal, el azúcar, la grasa: cómo nos han enganchado los gigantes de la alimentación»), señala:

> Hay receptores especiales para el dulzor en cada una de las diez mil papilas gustativas de la boca, y todos ellos están conectados, de una manera u otra, a las partes del cerebro conocidas como las zonas del placer, en las que se nos recompensa por aportar energía al cuerpo (Moss, 2014, 3-4)

Más adelante volveremos a los esfuerzos de Roy para trabajar con su hábito.

Además de los inconvenientes mencionados, algunos hábitos tienen unos costes sociales extraordinariamente altos, como muestran las estadísticas de las adicciones arraigadas en comportamientos habituales no saludables:

- El consumo de tabaco es la principal causa de muerte prevenible en los Estados Unidos. A escala mundial, el consumo de tabaco representa cinco millones de muertes evitables cada año, aproximadamente el 10% de las muertes totales (Brewer *et al.*, 2011).

- El consumo de alcohol, las drogas ilícitas y la obesidad constituyen el 21% de las muertes evitables en los Estados Unidos (Adams *et al.*, 2014; Bowen y Marlatt, 2009).

- Según los Institutos Nacionales de la Salud estadounidenses (NIH, por sus siglas en inglés), el abuso de sustancias y la adicción a ellas cuestan más de 600.000 millones de dólares al año (esta cifra incluye los costes de la productividad y los relacionados con la salud y la delincuencia): las drogas ilegales, 193.000 millones; el alcohol, 235.000 millones, y el consumo de tabaco, 193.000 millones (la información es del año 2012). Y los NIH hacen esta observación en relación con estos números: «Por sorprendentes que sean estas cifras, no describen completamente el alcance de las consecuencias destructivas para la salud pública y las implicaciones para la seguridad del abuso de las drogas y la adicción a ellas, tales como la desintegración familiar, la pérdida del empleo, el fracaso escolar, la violencia doméstica y el maltrato infantil».

- La incidencia de la obesidad (cuyas causas principales son los hábitos alimentarios insanos y la actividad física insuficiente) ha subido del 13 al 34% en los últimos cincuenta años en los Estados Unidos. La obesidad conlleva 190.000 millones de dólares en gastos médicos (Begley, 2012).

- Más del 40% de las personas que tienen entre diecinueve y treinta y nueve años aseguran que envían mensajes de texto mientras conducen, y el 10% afirma que lo hacen frecuentemente. El hecho de conducir distraídos por los teléfonos inteligentes y otros dispositivos causó 3.331 muertes y 387.000 heridos en 2011 (Neyfakh, 2013; Halsey, 2013).

En nuestras vidas, los hábitos no saludables y no deseados pueden ocasionar un sufrimiento físico, mental, emocional y espiritual intenso. Cuando actuamos de maneras que no son coherentes con nuestras intenciones, necesidades y valores más profundos, sufrimos. Y los intentos fallidos de cambiar el comportamiento (lo cual se debe a menudo a la falta de conciencia sobre el poder de los hábitos y las formas más efectivas de cambiarlos) puede dar lugar a un sentimiento de fracaso, culpa, desilusión o resignación, lo cual ayuda a perpetuar los comportamientos no saludables.

ES DIFÍCIL CAMBIAR LOS HÁBITOS ARRAIGADOS

Si lanzamos una mirada de un modo honesto a nuestras vidas, casi todos tenemos hábitos y patrones que nos gustaría cambiar. ¿Alguna vez te has encontrado haciendo en repetidas ocasiones algo que sabes que no refleja lo mejor de ti? ¿Alguna vez te has preguntado por qué sigues haciendo eso? Tal vez has hecho planes para dejar ese hábito o has tomado la determinación de abandonarlo, pero te encuentras con que vuelves a caer en él (y después te sientes decepcionado contigo mismo).

Estos son algunos hábitos comunes que resultan difíciles de cambiar:

- Comer en exceso o demasiado a menudo (no por tener hambre, sino para adormecer una emoción o experimentar una sensación de alivio).
- Pasar largas horas navegando por las redes sociales o comprobando el correo electrónico, sabiendo que esta no es la mejor manera de emplear el tiempo y la energía.
- Fumar cigarrillos, a pesar del alto precio que tiene esto para la salud.
- Trabajar durante largas horas como una forma de evitar otros aspectos de la vida.
- Quedar atrapado en pensamientos negativos o críticos sobre uno mismo u otras personas.

Si has contraído algunos hábitos no saludables o perjudiciales, esto no significa que seas imperfecto o que hayas fallado en algún sentido. Sencillamente, has perdido la conexión con tus verdaderos intereses e intenciones; posiblemente has confundido el alivio a corto plazo respecto de los sentimientos desagradables o incómodos con la felicidad y el bienestar verdaderos.

Intuitivamente, puedes pensar que una vez que reconoces que un comportamiento no es saludable o que no lo deseas y decides cambiarlo, deberías ser capaz de modificarlo, para que tus acciones y hábitos se correspondan con tus objetivos e intenciones. Pero no es tan sencillo, porque el cerebro contiene dos sistemas de comportamiento separados.

De acuerdo con el psicólogo Daniel Kahneman, ganador del Premio Nobel, hay dos modalidades de «función cognitiva»: una modalidad intuitiva (que él llama Sistema 1), en que los juicios y las decisiones se efectúan de forma rápida y automática, y una modalidad controladora (que él llama Sistema 2), que actúa de forma premeditada y más lenta.

> Las operaciones del Sistema 1 tienen [...] a menudo una carga emocional; también se rigen por el hábito y son por lo tanto difíciles de controlar o modificar. Las operaciones del Sistema 2 tienen [...] más probabilidades de ser observadas conscientemente y controladas deliberadamente; también son relativamente flexibles (Kahneman, 2003, 698).

Walter Mischel, psicólogo conocido por sus estudios sobre la capacidad de los niños a la hora de aplazar la gratificación (por ejemplo, no comer un dulce de inmediato con el fin de obtener otro adicional), llama a estos dos sistemas cerebrales el sistema emocional caliente y el sistema cognitivo frío (Mischel, 2014).

Estos sistemas no siempre se coordinan bien. El sistema cerebral caliente responde más rápidamente, y sus mensajes son más convincentes que los del frío. Así, cuando las intenciones y los planes de la persona (que son obra del sistema cerebral frío) entran en conflicto con los hábitos firmemente establecidos (que son obra del sistema cerebral caliente), los hábitos tienden a salir vencedores.

Estudios sobre la donación de sangre, el uso de cinturones de seguridad, las modalidades de desplazamiento y el consumo de comida rápida muestran que a medida que aumenta la fuerza del hábito las intenciones juegan un papel menos importante a la hora de predecir el comportamiento (Nilsen *et al.*, 2012). Como señala uno de estos estudios: «Esencialmente, los hábitos dan una visión de túnel, lo que reduce la eficacia de las intervenciones destinadas a modificar el comportamiento mediante la reflexión cognitiva consciente» (*ibid.*, 2012, 2).

El hecho de que los hábitos persistan frente a las intenciones de cambiarlos ¿significa que estamos condenados a seguir repitiéndolos? ¿Son los hábitos nuestro destino? Claramente, no. La mayoría hemos cambiado comportamientos no deseados, y es probable que conozcas a personas que han transformado hábitos profundamente arraigados y dolorosos. Y es que *podemos* desarrollar, conscientemente, hábitos que sean coherentes con nuestras intenciones y objetivos. Si quieres forjar un hábito saludable, es necesario que repitas el comportamiento deseado en un contexto semejante, hasta que dicho comportamiento se vuelva automático. Estudios recientes sugieren que se tarda unos sesenta y seis días en adquirir un nuevo hábito (Gardner, 2012). Si quieres abandonar un hábito no saludable o que no desees tener, debes encontrar la manera de interrumpir y suspender el comportamiento automático.

Los estudios han demostrado que hay ciertas condiciones y procesos que ayudan a cambiar los hábitos no deseados y a forjar otros más productivos y beneficiosos:

- Los cambios en el entorno pueden ayudarnos a pasar del «modo hábito» a comportamientos más intencionales o planificados. Por ejemplo, cuando cambia el contexto (irse de vacaciones, mudarse a una nueva residencia o asistir a otra universidad), las «señales» que desencadenan los comportamientos habituales pueden estar ausentes o menos disponibles, lo que hace que sea más fácil aplicar la intención a los nuevos comportamientos (Nilsen *et al.*, 2012).

- Adoptar medidas para eludir las «señales» que desencadenan los comportamientos habituales puede apoyar el cambio de hábitos. Por ejemplo, un alcohólico en proceso de recuperación puede optar por evitar los lugares en los que se bebe con frecuencia o a los viejos compañeros de bebida, o una persona que está tratando de comer de forma saludable puede caminar o conducir de regreso a casa por una ruta diferente para evitar pasar por delante de una tienda de donuts o un restaurante de comida rápida (Quinn *et al.*, 2010).

- Para comportarse de acuerdo con nuestras intenciones frente a los hábitos fuertes, estas deben ser claras y contundentes. Cuando las intenciones entran en conflicto con los hábitos fuertes, los comportamientos se ven dirigidos por ellas únicamente si se sostienen «con la fuerza suficiente y son implementados con bastante habilidad como para anular el comportamiento que ha sido bien practicado», como propone un estudio influyente sobre los hábitos y las intenciones (Ouellette y Wood, 1998, 7).

- Una de las formas más efectivas de cambiar los hábitos nocivos y asegurar que las acciones sean acordes con los propios valores y objetivos es establecer la *implementación de intenciones* (planes de acción que especifican los comportamientos exactos que vamos a tener en respuesta a unas señales específicas). Por ejemplo: «Tan pronto como haya terminado el telediario de las seis voy a apagar el televisor, ponerme las zapatillas deportivas y salir a correr durante treinta minutos» (Gollwitzer y Schaal, 1998).

- Prever las dificultades e imaginar formas de responder a ellas aumenta las posibilidades de tener éxito a la hora de cambiar los hábitos. Por ejemplo, una persona que intenta bajar de peso podría imaginar cómo respondería en una situación social en que se le ofreciese comida alta en calorías (Quinn *et al.*, 2010).

- Es mucho menos probable que tenga lugar el cambio si la persona no se ha comprometido a cambiar. Diversos estudios han demostrado que quien en el inicio de un programa para dejar de fumar se está preparando activamente para abandonar este hábito o ya está tomando medidas al respecto presenta casi el doble de probabilidades de tener éxito que alguien que, al empezar con el programa para dejar de fumar, solamente está pensando en hacerlo (Prochaska, DiClemente y Norcross, 1992).

- Seguir atentamente la pista a los comportamientos habituales (por ejemplo, observarse uno activamente en relación con un comportamiento y pensar: «No lo hagas») hace que la persona tenga un mayor control cognitivo. Esta es una manera eficaz de inhibir los hábitos fuertes (Quinn *et al.*, 2010).

La mayor parte de las formas habituales de efectuar cambios, incluidos los métodos desarrollados por los psicólogos y profesionales de la salud, tienen el objetivo de alterar los hábitos mediante el establecimiento de nuevos planes e intenciones (la persona se fija una meta; por ejemplo: «Voy a comer alimentos saludables en lugar de comida basura»). Pero si bien las intenciones son cruciales para que se produzca el cambio de hábito, para que sean eficaces deben ser muy claras y específicas, y necesitan verse apoyadas por fuertes prácticas de autoconciencia. Esto implica hacer visible lo que es en gran parte invisible, lo cual se logra por medio de traer a la conciencia, con intención y total atención, los patrones de los hábitos de pensamiento y comportamiento.

EL PODER DEL MINDFULNESS PARA CAMBIAR LOS HÁBITOS NO DESEADOS

El mindfulness es un enfoque que nos permite traer una atención benevolente y desprovista de juicios a la experiencia que tenemos momento a momento. Por medio de dicho enfoque, arraigado en siglos de enseñanzas y prácticas budistas, podemos cambiar incluso los hábitos establecidos desde hace tiempo y que están aparentemente muy consolidados.

Este libro te proporciona habilidades y prácticas de mindfulness para dejar de lado los viejos hábitos y crear otros nuevos, más saludables, y también unas formas de vida más sanas. El mindfulness nos da el poder de transformar nuestros comportamientos porque arroja luz sobre lo que está sucediendo *en el momento* (incluidos pensamientos de los que normalmente no somos conscientes y acciones que normalmente no advertimos que efectuamos).

El mindfulness es a la vez un entrenamiento y una práctica. Puesto que todos los hábitos se desarrollan a través de la repetición a lo largo del tiempo, rara vez es suficiente con ver claramente los patrones que no son saludables unas pocas veces. Es necesario crear nuevos patrones (y nuevas conexiones neuronales en el cerebro) que puedan ayudarnos a identificar los hábitos no deseados o nocivos. Tenemos que aprender a aceptar y permitirnos experimentar sensaciones, emociones y estados mentales difíciles.

También es necesario cultivar la benevolencia y la compasión hacia uno mismo; esto es clave para obtener la libertad y para sanar las tensiones que ocasiona el hecho de estar atrapado en algún hábito doloroso. En el capítulo 2 vamos a ver cómo el mindfulness puede ser un antídoto para los comportamientos habituales y cómo puede constituir un medio potente para cambiar los hábitos no saludables.

Antes de continuar, sin embargo, es importante que identifiques el hábito o los hábitos que te gustaría cambiar. Puede ser que tengas muy claro aquello en lo que quieres trabajar –tal vez un comportamiento que ya has tratado de cambiar–. Si no es así, o para ayudarte a identificar los comportamientos que pueden estar afectando a tu vida de forma negativa o dolorosa, realiza la práctica siguiente.

PRÁCTICA 1: identificar los hábitos que no favorecen tu bienestar

La finalidad de esta actividad es ayudarte a reflexionar sobre las actividades o áreas de tu vida en las que no estás completamente presente. Durante la semana que tienes por delante, con amabilidad y sin juzgarte a ti mismo, dedica algún tiempo cada día a anotar tus respuestas a las siguientes preguntas, tal vez en un cuaderno (puede ser útil que cuentes con un cuaderno para realizar las prácticas que se proponen en este libro y para registrar cualquier idea o comprensión que tengas a medida que leas sobre el mindfulness y lo practiques):

- ¿En qué momentos funcionas en piloto automático?
- ¿En qué momentos tienen tus acciones o pensamientos consecuencias negativas para tu salud, tus relaciones o tu bienestar en general?
- ¿Hay algo que hagas que sientas que no es saludable, o que es compulsivo, o que te separa o aísla de los demás? ¿Hay algo que no sea coherente con la forma en que deseas vivir tu vida?
- Si tienes un hábito que te parece poco saludable o que te gustaría cambiar, ¿cómo te sientes (en tu cuerpo y en tu mente) cuando actúas según dicho hábito (antes, durante y después)? ¿Experimentas tensión, placer, entumecimiento o juicio? Limítate a observarlo y anótalo.
- ¿De qué maneras te ocasiona estrés, dolor, dificultades o sufrimiento tu hábito? ¿Te separa de tu familia, amigos o de ti mismo? ¿Sientes que no es coherente con la forma en que te gustaría vivir? ¿Hace que te sientas culpable,

autocrítico o arrepentido? ¿Te sientes físicamente incómodo después (por ejemplo, tienes la tos del fumador, resaca o la sensación de haber comido demasiado)?

- ¿Qué necesidad crees que satisface este comportamiento o forma de pensar? Si actualmente no guarda relación con ninguna necesidad que tengas, ¿qué necesidad te permitió compensar en algún momento? ¿Hay alguna otra manera en que podrías alcanzar la meta o el objetivo que te llevó a desarrollar este comportamiento? Visualiza cómo te sentirías si abandonases este hábito no saludable, tanto física como emocionalmente. Observa los pensamientos que surgen.

- ¿Hay algún hábito saludable o útil que podría sustituir a tu hábito actual? Puede tratarse de un comportamiento alternativo, tal como comer fruta o frutos secos en lugar de dulces, o puede consistir sencillamente en no hacer lo que has estado haciendo y aprender a permanecer con cualquier sensación y emoción que esté presente.

- En este momento, cómo de fuerte es tu compromiso de cambiar este hábito o desarrollar uno nuevo? ¿Qué importancia tiene esto para ti? Si la respuesta es menos que «mucha», lo más probable es que tus viejas costumbres prevalezcan. Dedica tiempo a reflexionar sobre los posibles beneficios de efectuar un cambio. Piensa en los obstáculos que pueden presentarse cuando intentes dejar el hábito e imagina maneras eficaces de responder ante ellos o ante otros retos. ¿Te ayudaría a efectuar el cambio el hecho de hablar de tu compromiso con algún familiar o amigo y contar con su apoyo?

A lo largo de los próximos capítulos, hablaré sobre todo del mindfulness en relación con uno o más de seis hábitos que son habituales y difíciles de cambiar:

- Fumar.
- La preocupación y la ansiedad.
- La dilación.
- La conducción agresiva y distraída.
- La alimentación poco saludable y poco consciente.
- El uso excesivo de los dispositivos electrónicos.

Voy a ilustrar cómo el mindfulness cuenta con unas habilidades específicas que pueden ayudarnos a efectuar cambios en relación con estas y muchas otras maneras de pensar y actuar, también habituales. Quiero dejar claro que en el caso de los dos últimos hábitos de la lista me centraré en la «inconsciencia» y en sus consecuencias negativas como aquello que hace que dichos hábitos sean no deseables o insanos. En cuanto a la alimentación, si no tienes problemas de salud relacionados con ello, comer un dónut o una porción de pastel de queso puede ser inofensivo o incluso contribuir a tu bienestar emocional. En cuanto al uso de dispositivos electrónicos, los ordenadores proporcionan grandes beneficios. Por ejemplo, gracias a Internet, miles de meditaciones (incluidas las creadas para este libro) y charlas sobre el mindfulness y temas relacionados con él están disponibles para cualquiera con solo pulsar un botón. Y en los últimos meses estoy caminando el doble de lo que caminaba anteriormente, gracias a una aplicación que tengo en el teléfono que me ha hecho más consciente de la cantidad de ejercicio que estoy haciendo.

De hecho, hasta qué punto es perjudicial cualquier hábito tiene que ver con la conciencia o inconsciencia con que lo manifestamos. Cuando se trata de tomar un vaso de vino, por ejemplo, se puede beber con conciencia, prestando atención a la experiencia, o se puede beber sin prestar atención, de una manera que hace que sea fácil volverse dependiente de esta costumbre (lo cual tiene consecuencias negativas). Cuantas más actividades realices de forma consciente, más oportunidades tendrás de llevar a cabo elecciones que realmente te beneficien.

COMPRENDER LOS HÁBITOS. RECAPITULACIÓN

Casi la mitad de nuestras acciones consisten en hábitos: las realizamos de forma automática y se ven activadas por señales contextuales en lugar de obedecer a una intención consciente. Los hábitos nos ayudan a simplificar y organizar nuestras vidas; todo sería infinitamente más complejo si tuviéramos que pensar y tomar decisiones acerca de los muchos aspectos implicados en todas nuestras actividades diarias. Al hacer que nuestro cerebro sea más eficiente, los hábitos han ayudado al ser humano a llegar a ser lo que es hoy en día. Los hábitos han hecho posible que viajemos a la Luna y que pintemos la Capilla Sixtina.

Sin embargo, casi todos nosotros tenemos hábitos que nos gustaría cambiar, porque no nos resultan útiles o porque no reflejan nuestros valores, intenciones u objetivos más profundos. Los hábitos no saludables y las adicciones como el tabaco, el abuso de las drogas y el alcohol y la conducción distraída implican unos costes sociales enormes, tanto en términos de vidas perdidas como en términos de unos recursos económicos que podrían destinarse a mejores objetivos. Quedar atrapados en comportamientos automáticos, incluso los aparentemente inofensivos, puede tener un coste muy alto para nosotros: podemos perder la oportunidad de disfrutar de nuestros hijos, nuestras familias y nuestras vidas.

Es difícil cambiar los hábitos que ya están consolidados. Cuando la intención de cambiar un comportamiento concreto se enfrenta a un hábito fuerte, a menudo es el hábito el que termina ganando, porque los mensajes procedentes del sistema cerebral cognitivo, el sistema frío, son más lentos y se consideran menos urgentes que aquellos procedentes del sistema cerebral emocional, el sistema caliente.

La comprensión de cómo se forman y operan los hábitos, así como de por qué pueden ser tan resistentes al cambio, es clave para modificarlos. También es esencial llevar la conciencia a la experiencia directa por medio del mindfulness. El mindfulness llega al corazón de los comportamientos habituales y nos proporciona un medio para liberarnos de sus garras. El mindfulness puede ayudarnos a tomar conciencia de patrones de comportamiento que se han vuelto automáticos para nosotros, de forma que no somos conscientes de ellos. Gracias a él, es posible traer pensamientos y comportamientos inconscientes a la conciencia y hacer visible lo invisible.

CAPÍTULO 2

LOS ASPECTOS BÁSICOS DEL MINDFULNESS

La esencia del mindfulness es llevar la luz de la atención a todo aquello que ha sido invisible y que hemos estado haciendo por hábito.

CHRISTINA FELDMAN,
Compassion: Listening to the Cries of the World

Imagina dos escenarios muy similares pero muy diferentes: ESCENARIO 1: te encuentras caminando a través del bosque en un fresco día de principios de la estación de otoño. Ves la interacción entre la luz y la sombra mientras el sol brilla a través de las hojas que se mecen con la brisa y sientes el aire fresco en la cara. Sientes el peso de tu cuerpo sobre los pies mientras caminas por el sendero y los latidos de tu corazón cuando el camino se hace más empinado. Oyes el canto de los pájaros, el zumbido de los insectos y el ruido lejano de un camión. Los pensamientos de la vida diaria van y vienen, pero no te impiden disfrutar de tu paseo. Te sientes vivo y presente, abierto a tu experiencia y a la vida.

ESCENARIO 2: estás caminando por el bosque en un fresco día de principios de otoño. Tu mente está atrapada en preocupaciones acerca de todo el trabajo que tienes que hacer y el miedo a que se te pase por alto algo importante. Tu mente recuerda un encuentro difícil que has tenido con tu jefe a principios de la semana y lo que esto podría significar para tu futuro. A este pensamiento le siguen otros de preocupación sobre las malas notas que ha sacado tu hijo adolescente y sobre los amigos con los que ha estado saliendo. Compruebas tu teléfono para ver si ha aparecido algún mensaje importante en tu bandeja de entrada desde que empezaste tu paseo. Consumido por pensamientos de ansiedad, apenas eres consciente de tu entorno. Como un balancín, tu mente alterna entre cavilar sobre el pasado y preocuparse por el futuro. Si te detuvieras a prestar atención a lo que está sucediendo en tu cuerpo, podrías advertir que tus músculos están tensos, lo cual refleja tu estado mental.

A cada momento de nuestra vigilia, tenemos la oportunidad de estar presentes en el aquí (conscientes de lo que está aconteciendo en nuestros cuerpos, corazones, mentes y entorno) o de estar en otro lugar. Los sabios nos han enseñado durante siglos que estar presentes aquí y ahora nos permite experimentar más paz, satisfacción y alegría.

Es fácil, sin embargo, desarrollar patrones de pensamiento y comportamiento que nos alejen de la experiencia actual: cavilaciones, preocupaciones y miedos que, a su vez, nos conducen al estrés y al sufrimiento. Si no practicas la atención consciente, es fácil que comas demasiado, bebas en exceso o caigas en otros comportamientos no saludables que te ofrecen un alivio momentáneo pero que te separan de tus intenciones más profundas. Las prácticas y habilidades del mindfulness te ayudarán a cambiar los hábitos no saludables y a equilibrar tu vida.

LO QUE IMPLICA EL MINDFULNESS

Aunque el mindfulness se ha desarrollado en el interior de la tradición budista durante los últimos dos mil quinientos años, es una cualidad universal, la conciencia del momento presente, y se puede experimentar y cultivar fuera del marco de cualquier religión o filosofía en particular.

¿Alguna vez te has sentido, por un momento, completamente vivo, implicado y presente en tu cuerpo, conectado a ti mismo, a lo que estabas haciendo y a la vida? ¿Has asistido alguna vez a un concierto o a una obra de teatro en que estabas totalmente inmerso en la acción o la música?

O, sencillamente, ¿has caminado por tu vecindario o por la naturaleza y te has sentido totalmente presente? El mindfulness es estar aquí y saber que estás aquí, presente aquí y ahora, lo cual es un camino directo hacia el bienestar, la felicidad y la libertad.

Existen distintas formas de atención consciente en muchas religiones:

- Efectuar una peregrinación, en muchas tradiciones.
- Caminar por un laberinto y centrarse en la oración, en la práctica cristiana.
- Arrodillarse para rezar cinco veces al día, en el islam.
- El sabbat como un tiempo para la pausa y la reflexión interior, en el judaísmo.

Todas estas son formas de «recordar» el regreso a casa (a uno mismo y a su vida). De hecho, la palabra pali equivalente a mindfulness, *sati*, también significa 'recordar'. (El pali es el idioma en que se escribieron por primera vez las enseñanzas del Buda —algunas, quinientos años después de su muerte).

Tanto en el budismo como en enfoques de carácter laico del mindfulness se aprende a llevar la atención, de forma consciente e intencionada, a la experiencia del momento presente tal como es, sin juicios y aceptando cualquier cosa que surja. Es un enfoque más intencional y centrado en la atención que el que adoptamos normalmente en la vida diaria, en que podemos pasar gran parte del tiempo perdidos en pensamientos sobre el futuro o el pasado, soñando despiertos o en «piloto automático».

Jon Kabat-Zinn, un científico y profesor de meditación que ha jugado un papel importante a la hora de hacer que el mindfulness sea ampliamente conocido en Occidente, definió esta práctica como «la conciencia que emerge por medio de prestar atención a propósito, en el momento presente y sin juzgar, al despliegue de la experiencia que tiene lugar momento a momento» (Kabat-Zinn, 2003, 145).

El mindfulness es una cualidad cuya esencia es la atención o conciencia, que ejercemos cuando prestamos atención a lo que estamos experimentando intencionadamente y sin emitir juicios. El mindfulness es también la práctica consciente de cultivar esta cualidad cuya esencia es la atención.

Shauna Shapiro, experta en mindfulness reconocida internacionalmente, y sus colegas (Shapiro *et al.*, 2006) han señalado que el mindfulness está constituido por tres elementos clave: la intención (el motivo por el cual se practica, esto es, las motivaciones y aspiraciones de la persona); la atención (la observación y el reconocimiento de lo que se está experimentando), y la actitud (las cualidades del corazón y la mente que se llevan a la atención). Estas tres cualidades esenciales son herramientas disponibles para quien desee cambiar sus hábitos no saludables o indeseados.

El mindfulness se puede aplicar a cualquier área o actividad de la vida. Se puede ejercer mientras uno está conduciendo, caminando, comiendo, duchándose, haciendo de padre, liderando, etc. Por medio de esta cualidad cuya esencia es la presencia podemos mejorar cualquier aspecto de nuestras vidas, incluidos los tiempos dolorosos y difíciles.

La meditación mindfulness difiere del mindfulness «de la vida diaria» solo en el hecho de que nos reservamos «formalmente» un tiempo y un lugar para hacer que nuestra práctica constituya el foco de nuestra actividad. Se puede practicar la meditación mindfulness estando sentado, de pie, caminando o acostado, y también mientras se realiza cualquier tipo de práctica formal de meditación, como la meditación comiendo. La importancia de la práctica formal es que nos da el tiempo y la oportunidad de observar y entrenar la mente en un entorno de nuestra elección, donde podemos estar relativamente libres de distracciones.

LOS ORÍGENES DEL MINDFULNESS EN LAS ENSEÑANZAS BUDISTAS

Hace unos dos mil quinientos años, Siddhartha Gautama, un hombre de clase noble nacido en el norte de la India, dejó su hogar y su familia para emprender una búsqueda. Quiso saber si era posible que el ser humano pudiese liberarse del dolor y el sufrimiento. Estudió con los principales maestros de su tiempo y llevó a cabo prácticas ascéticas intensas. Hasta que, dejando atrás el camino de la austeridad, meditó durante toda una noche de luna llena y descubrió el camino intermedio, el cual lleva al fin completo del sufrimiento. Este fue su despertar o iluminación.

Después de su despertar y hasta su muerte, que aconteció cuarenta y cinco años más tarde, el Buda (la traducción de esta palabra es 'uno que ha despertado') compartió sus enseñanzas con personas de todos los ámbitos de la vida. Una comunidad monástica transmitió esas enseñanzas por Asia durante cien generaciones, con el apoyo de seguidores laicos. Durante el siglo pasado, y en particular en las dos últimas generaciones, llegaron a Occidente y están teniendo un profundo impacto en nuestra sociedad, donde un creciente cuerpo de investigación apunta a los efectos beneficiosos del mindfulness.

Las enseñanzas del Buda sobre el sufrimiento y el fin del sufrimiento

En el núcleo de todas las enseñanzas del Buda hay cuatro proposiciones básicas: las Cuatro Nobles Verdades. Como recomendó el mismo Buda, debemos explorar y comprobar dichas verdades, en lugar de tomárnoslas como un conjunto de «creencias» a las que debamos adherirnos estrictamente.

El sufrimiento (una sensación de insatisfacción o incomodidad persistente) es omnipresente en la vida humana. El Buda enseñó que el nacimiento, la muerte, la enfermedad, el envejecimiento y la pérdida son, todo ello, formas de sufrimiento. Esta es la Primera Noble Verdad: la existencia del sufrimiento.

La típica sensación de insatisfacción característica del sufrimiento humano surge de desear que las cosas sean diferentes. Queremos más de lo que nos gusta y menos de lo que no nos gusta. Experimentamos esto como deseo, lo cual nos lleva al sufrimiento. Esta es la Segunda Noble Verdad: el deseo es la causa del sufrimiento.

Cuando estamos dispuestos a permanecer abiertos a la experiencia tal y como es, vemos que no podemos retener las experiencias agradables y que las desagradables también pasan. Todo está en constante cambio. Tú mismo estás siempre en constante cambio; de hecho, no tienes un «yo» estable, permanente. La ilusión de que tienes un yo permanente es creada por el apego de tu mente a ciertas ideas acerca de ti mismo. Cuando ves claramente que tratar de aferrarte a cualquier cosa conduce al sufrimiento, puedes comenzar a soltar. Soltar por completo, aceptando las cosas como son en realidad, es el fin del sufrimiento, la meta del camino budista. Esta es la Tercera Noble Verdad: el fin del sufrimiento es la libertad, o nirvana. La Cuarta Noble Verdad consiste en el camino hacia el fin del sufrimiento que trazó el Buda, llamado el Noble Óctuple Camino. Implica el cultivo inteligente (o hábil, o pertinente) de ocho elementos: la visión o comprensión correcta, la determinación correcta, el habla correcta, la acción correcta, el medio de vida correcto, el esfuerzo correcto, la conciencia del momento correcta (el hecho de estar presente o mindfulness) y la concentración o meditación correcta.

El papel del mindfulness

El mindfulness juega un papel central en el budismo. En una importante enseñanza sobre los fundamentos de este, el

Satipatthana Sutta, el Buda enseñó que se trata de un camino que conduce directamente a la liberación del sufrimiento (Anãlayo, 2003). Todo consiste en llevar el mindfulness, o atención plena, a cuatro ámbitos de la experiencia: el propio cuerpo; la sensación que está produciendo la experiencia actual (agradable, desagradable o neutra); las emociones y estados mentales, y la realidad subjetiva, tal como se experimenta a través de la lente de enseñanzas budistas clave (lo cual hace que se puedan obtener comprensiones liberadoras). Podemos llegar a ver que toda experiencia, por naturaleza, está sujeta al cambio, es impersonal y resulta poco fiable. Esta visión pondrá fin a los apegos y nos conducirá a vernos libres del sufrimiento.

En lugar de estar en conflicto con nuestra situación o experiencia (es decir, en lugar de desear que las cosas sean diferentes), podemos «bailar con la vida», en palabras del maestro de meditación Phillip Moffitt (Moffitt, 2008). Así pues, el mindfulness nos conduce directamente a la liberación: nos lleva a vernos libres de los apegos y de las aflicciones de la codicia, la aversión y la ignorancia.

Una comprensión budista de los hábitos y maneras de transformarlos

El Buda enseñó que un elemento clave y determinante de nuestra felicidad y bienestar lo constituye la forma en que afrontamos nuestro momento presente. Si lo abordamos tratando de aferrarnos a las experiencias placenteras y de evitar las desagradables, o si intentamos distraernos de las experiencias neutras o «aburridas», vamos a sufrir. Y no solo esto, sino que la preocupación por evitar las experiencias desagradables, neutrales o «aburridas» hará que, de forma natural, este tipo de experiencias predominen en nuestras mentes.

Como dijo el Buda: «Aquello en lo que un *bhikkhu* [monje, o practicante] piense y reflexione con frecuencia, se convertirá en la inclinación de su mente» (Bodhi, 1995, 208).

Además, cuanto más repetimos ciertos pensamientos y acciones, tanto más probable es que sigamos repitiéndolos. Es más fácil pensar y hacer las cosas que hemos pensado y hecho antes, aunque esos pensamientos y acciones nos conduzcan al sufrimiento. Así, cada pensamiento que tenemos y cada acción que emprendemos que conducen al sufrimiento nos mantienen en el camino del sufrimiento, lo que hace más difícil que vivamos de acuerdo con nuestros objetivos e intenciones. Si tenemos pensamientos de ira, celos o crueldad, inclinamos la mente en esa dirección, y así sembramos las semillas de futuros pensamientos y acciones que nos van a provocar aflicción. Pero cada vez que vayamos en contra de nuestros hábitos o efectuemos una elección consciente encontraremos un poco más fácil hacer lo mismo de nuevo en el futuro. Si tienes un pensamiento de bondad o llevas a cabo una acción generosa inclinas tu mente en esa dirección, con lo que siembras semillas de futuros pensamientos y actos positivos y bondadosos.

Este es el significado del karma: se cosecha lo que se siembra. Tal vez suene determinista, pero el ciclo se puede romper por medio del mindfulness. Por más que el pasado pese sobre el presente, tenemos el potencial de poner fin al ciclo aquí y ahora por medio de aceptar lo que está presente, incluidas las sensaciones corporales dolorosas, las emociones intensas y los pensamientos e impulsos insistentes. Muchas de las enseñanzas del Buda (como enfocar la mente, cultivar intenciones sabias y practicar la bondad) son métodos, o medios hábiles, para abrirnos a lo que es.

El mindfulness es una manera de terminar con los hábitos no saludables o perjudiciales, puesto que su práctica se dirige a los impulsos y desencadenantes subyacentes a los comportamientos habituales. Y, aún más, el mindfulness nos ofrece formas de estar abiertos a nuestros impulsos; nos permite experimentar su transitoriedad y dejar que surjan y pasen sin apegarnos o resistirnos a ellos.

MINDFULNESS Y NEUROPLASTICIDAD

En las dos últimas décadas, los científicos han avanzado mucho respecto a la comprensión del cerebro humano. Antes se pensaba que nuestro cerebro, esencialmente, dejaba de desarrollarse una vez que alcanzábamos la edad adulta, pero ahora sabemos que va evolucionando a lo largo de toda la vida. En otras palabras: lo que hacemos y la forma en que usamos nuestra atención cambia nuestro cerebro y puede marcar una gran diferencia en nuestras vidas. Se ha visto que el entrenamiento en el mindfulness tiene un impacto significativo en este sentido; entre otras cosas, motiva cambios físicos positivos en el cerebro.

Un estudio de 2011 mostró que la práctica del mindfulness estaba asociada con determinados cambios en el cerebro. Entre los participantes en un programa de meditación mindfulness de ocho semanas, aumentó la densidad de las neuronas y otras células en zonas del cerebro vinculadas a la autoconciencia, la compasión y la introspección; además, se redujo la densidad de las neuronas y otras células presentes en una zona cerebral asociada con el estrés y la ansiedad. Estos cambios en los cerebros de los participantes fueron el resultado de invertir un promedio de solo veintitrés minutos al día en la práctica de la meditación durante un período de ocho semanas (Hölzel *et al.*, 2011).

El potencial de mejorar la estructura neuronal a través de lo que haces y cómo prestas atención será especialmente importante para ayudarte a equilibrar las tendencias negativas de tu cerebro.

El sesgo negativo del cerebro

El cerebro que has heredado es el producto de decenas de millones de años de evolución. Es un órgano extraordinariamente complejo, capaz de grandes maravillas, pero también puede meterte en problemas, si no prestas atención.

El cerebro y el sistema nervioso están preparados para centrarse en lo negativo (en lo que podría matarnos o hacernos daño), enfoque en las amenazas que ayudó a nuestros ancestros a sobrevivir y transmitir sus genes; esta facultad defensiva se ha llamado el cerebro superviviente. Desde el punto de vista de la supervivencia, es más beneficioso estar muy alerta a los peligros inminentes y, en comparación, menos preocupados por el logro de metas positivas, las cuales pueden esperar a que la amenaza haya pasado. Por lo tanto, el cerebro presta mucha más atención a las experiencias y estímulos negativos que a los positivos. Por ejemplo, si una persona dice algo positivo acerca de ti y otra algo negativo, ¿con cuál de ambas observaciones tenderás a obsesionarte?

El neuropsicólogo y maestro de meditación Rick Hanson ha descrito el sesgo del cerebro como «velcro para las experiencias negativas y teflón para las positivas», por lo que superar los efectos de una sola interacción negativa acostumbra a requerir no menos de cinco interacciones positivas (Hanson, 2009, 41). Piensa en el precio que pagas por el sesgo negativo del cerebro superviviente cuando se activa tu respuesta al estrés como resultado de a un desafío potencial: se liberan las hormonas del estrés (como el cortisol, la principal hormona del estrés); la sangre es bombeada a los músculos de los brazos y las piernas para ayudarte a luchar o huir, y las funciones corporales que no son esenciales para tu supervivencia inmediata, tales como las asociadas con la digestión y la reproducción, cesan. El hecho de pensar continuamente en un desafío potencial puede mantenerte apresado en este estado de estrés y ansiedad, en el que estás listo para responder a las amenazas que percibas. Esto, a su vez, puede desencadenar respuestas habituales no saludables a las que recurres para hallar consuelo o alivio.

Las emociones difíciles, como la ira, la vergüenza y la tristeza, que te permiten responder a las situaciones de peligro o dolor de la forma descrita anteriormente, también pueden meterte en problemas. Esto sucede cuando, en lugar de tratar las emociones como señales que contienen información útil, te identificas con ellas y las recreas continuamente.

La buena noticia es que, a través de prácticas de atención consciente, es posible aprovechar la capacidad que tiene el cerebro para cambiar. Puedes, como sugiere Rick Hanson, equilibrar el sesgo negativo del cerebro por medio de «acoger el positivo», es decir, cultivar y apreciar conscientemente las emociones que conducen al bienestar, tales como la gratitud, la alegría, el amor y la compasión (Hanson, 2009, 67). Y puedes entrenar tu mente, a través de las prácticas de mindfulness, a que experimente todos tus sentimientos y estados mentales (incluidos los impulsos, las sensaciones y los antojos asociados con los hábitos) como impermanentes e impersonales. Puedes dejar de permitir que te definan. Esto te capacitará para tomar decisiones y responder de formas que realmente te convengan.

Cómo opera el mindfulness

El reconocido maestro budista zen, poeta y activista por la paz Thich Nhat Hanh tituló uno de sus libros *El milagro de mindfulness*. El «milagro» radica en la transformación que viene de estar dispuestos a encontrarnos con la experiencia sin resistirnos a ella, sin luchar contra ella y con el corazón abierto y dispuesto a aceptarlo todo. Lo que parece doloroso, amedrentador o demasiado difícil de soportar puede convertirse en un camino hacia el crecimiento y la sanación cuando lo aceptamos de todo corazón. Como dijo el maestro espiritual Eckhart Tolle: «Vas más allá de todo aquello que aceptas por completo» (Tolle, 2003).

Cuando te resistes a alguna parte de tu experiencia o la evitas, es como si pusieras un muro psíquico alrededor de ella. Parafraseando la famosa frase de Franklin D. Roosevelt, vives con miedo al propio miedo. Al evitar una experiencia, un sentimiento o una emoción, esa experiencia, sentimiento o emoción no desaparecen; más bien se ven alimentados por la resistencia, y están listos para regresar cuando las condiciones sean las adecuadas. Aquello a lo que te resistes, persiste.

Es la voluntad de estar totalmente abierto a una experiencia lo que permite que esta se «autolibere», como se dice en el budismo tibetano. Sin el combustible de la resistencia, sin lucha, todos los sentimientos van y vienen. El camino hacia la liberación del sufrimiento es, paradójicamente, la disposición a experimentar el sufrimiento. El reto es tener el valor de encontrarse con el propio dolor y sufrimiento sin identificarse con él o resistirse a él.

El mindfulness es simple en el sentido de que solo tienes que «estar aquí y ahora»; es decir, únicamente has de estar abierto a tu experiencia tal y como es. Esto incluye las imágenes y sonidos que hay a tu alrededor, así como tus sensaciones, emociones y pensamientos.

Pero el mindfulness no es sencillo, porque hay muchas cosas que nos pueden sacar del momento presente. Puede ser que estés acostumbrado a pasar gran parte del tiempo perdido en cavilar sobre el pasado, en compararte con los demás o en preocuparte por el futuro (hablaré de esto en el capítulo 6). Es posible que hayas tenido experiencias dolorosas o traumáticas que te hayan dejado un legado de alerta y miedo que, si no lo abordas, hacen que te sea difícil estar completamente presente. Paradójicamente, los avances tecnológicos que te permiten estar en constante comunicación con los demás y acceder a información al instante tienden a separarte del mundo que tienes alrededor y pueden distanciarte de las personas que están a tu lado. Y, por último, a través de la publicidad y otras tácticas, se te ha inducido a querer cosas que no tienes. Por ejemplo, como ha señalado Michael Moss: «No hay nada al azar en el supermercado [...] en la música enlatada suave; en los aromas de panadería de las tiendas; en los refrigeradores de refrescos ubicados junto a las cajas registradoras» (Moss, 2014, 346-347). Las empresas gastan miles de millones de dólares para estimular los hábitos de gasto de los consumidores y perpetuar su sensación de deseo. Este deseo puede hacer que te sea difícil observar el entorno sin querer algo que no tienes o sin desear que las cosas sean de otra manera, tanto si estás en casa como si estás fuera.

Por lo tanto, ser consciente del momento no es fácil; se necesita práctica para estar presente. Pero cuando seas consciente de tu experiencia momento a momento, podrás cultivar un repertorio de habilidades que los estudios recientes muestran que afectan a distintas partes del cerebro y que, por lo tanto, contribuirán a que experimentes cambios y beneficios físicos, emocionales, mentales y espirituales.

Las investigaciones científicas contemporáneas acerca del mindfulness nos ayudan a descifrar cómo opera este y cómo aspectos concretos de su práctica pueden conducir a resultados específicos. El mindfulness puede ayudar a distintas personas de distintas maneras. Por ejemplo, puede resultar muy útil para que aquellos que sufren el trastorno de hiperactividad y déficit de atención mejoren su concentración, para que los individuos con adicciones toleren sus ansias y para que quienes padecen trastornos psicológicos experimenten sentimientos negativos sin verse abrumados por ellos.

CÓMO EL MINDFULNESS PUEDE AYUDARTE A CAMBIAR LOS HÁBITOS QUE NO QUIERES TENER

La práctica del mindfulness ha demostrado ser un enfoque muy eficaz para aliviar el estrés, la ansiedad y la depresión, así como muchos otros estados. Su aplicación a los hábitos perjudiciales o inútiles tiene un potencial similar. El mindfulness hace que seamos conscientes de nuestros estímulos, impulsos y antojos, así como de los hábitos que desencadenan en nosotros. Durante dos mil quinientos años, los meditadores lo han practicado como un camino para soltar las emociones y estados mentales de dolor y aflicción, así como los que se han convertido en hábitos. Ahora esto se está viendo apoyado por un creciente cuerpo de investigación científica que apunta a cómo el mindfulness puede resultar clave para cambiar los hábitos.

Los estudios sobre la aplicación del mindfulness a los hábitos y adicciones han mostrado que es una herramienta muy prometedora. En un estudio llevado a cabo con personas que querían dejar de fumar, el 36% de los participantes a los que se instruyó en el mindfulness habían dejado de fumar al final de un programa de cuatro semanas, mientras que entre los que recibieron la formación estándar para dejar de fumar solamente lo lograron el 15%. Las tasas de abstinencia en las diecisiete semanas de seguimiento fueron del 31% en el caso de quienes fueron instruidos en el mindfulness, frente al 6% logrado por el otro grupo (Brewer *et al.*, 2011).

Un estudio llevado a cabo con internos de un centro penitenciario mostró que aquellos que siguieron un programa de meditación vipassana (palabra que significa 'ver cabalmente' o 'mindfulness') redujeron el consumo de sustancias; también pasaron a tener menos problemas relacionados con el alcohol y menos síntomas psiquiátricos (Adams *et al.*, 2014). Los cambios producidos por el mindfulness pueden tener efectos positivos muy amplios, como ilustra el siguiente caso.

La historia de Thomas

Thomas había practicado la meditación de forma intermitente durante muchos años. Cuando la salud de su anciana madre se deterioró y desarrolló demencia, la práctica del mindfulness lo mantuvo, en sus propias palabras, «cuerdo y relativamente compasivo».

Después de la muerte de su madre, Thomas sintió una oleada de energía psíquica, física y creativa. Pero también había caído en los hábitos poco saludables de la dilación, la distracción y la impulsividad. Quería escribir, pero se encontraba con que hacía cualquier cosa menos eso.

Thomas acudió a una de mis clases de seis semanas en que enseñaba a aprovechar el poder del mindfulness para apoyar el cambio de hábitos. Dos factores le ayudaron a acometer una transformación que lo llevó a experimentar un cambio real en su vida: en primer lugar, su formación anterior en mindfulness le había enseñado a practicar de una manera en particular y a asumir cierta postura para meditar. El enfoque diferente que se presentó en la clase, el de encontrar lo que funciona para ti, hizo que Thomas se sintiese con libertad de realizar cambios en la postura que le permitieron sentarse de forma cómoda y relajada. Me dijo:

—Durante décadas, la incomodidad que sentía durante la meditación implicó que la práctica rara vez fuera fructífera para mí. Esto me hizo tener una sensación permanente de fracaso, y en lugar de convertirse en un hábito de autoayuda, la meditación me resultaba una tarea desagradable. Una vez que encontré una postura que me iba bien, pasé a sentarme cada vez más; disfrutaba del mero hecho de estar allí en silencio, sin hacer otra cosa que permanecer sentado.

En segundo lugar, al meditar, Thomas había sido incapaz de dejar de lado las preocupaciones acerca de cuánto tiempo llevaba sentado y cuánto tiempo de meditación le quedaba.

Una conversación casual con un compañero de clase le llevó a descargarse una aplicación de meditación que le permitió comenzar y terminar sus meditaciones con el agradable sonido de una campana, lo cual lo liberó de su preocupación por el tiempo. Esta aplicación también efectuaba una especie de contabilidad electrónica (hacía el seguimiento de la cantidad de tiempo que meditaba cada día y proporcionaba información sobre otros que estaban meditando al mismo tiempo).

Por primera vez en treinta años, Thomas comenzó a meditar constantemente durante un período de veinte a cuarenta minutos al día. Compartió que experimentaba una mayor sensación de calma:

—Me siento más animado. Respondo a los contratiempos con mayor rapidez. Estoy de mejor humor. Pero la consecuencia más palpable de la práctica diaria de la meditación ha sido que soy más constante con el ejercicio físico (hago treinta minutos o más de yoga al día). Un hábito positivo parece surgir del otro, así como el compromiso en una determinada área estimula un mayor compromiso en otra.

Thomas señaló que el cambio positivo en su práctica de la meditación repercutía en casi todas las facetas de su vida:

—Al comer con atención plena, soy consciente de la sensación de estar saciado y, como resultado, como un poco menos y lo disfruto más. Advierto más mis propias acciones, soy más consciente de mi entorno, me pierdo menos entre los pensamientos y tiendo menos a abandonar las tareas antes de completarlas.

Varios investigadores (entre otros, Gardner, Lally y Wardle, 2012) también han podido observar este «efecto dominó positivo»: un hábito saludable puede desencadenar otros comportamientos saludables, incluso cuando no hay una conexión obvia o directa entre ellos. Por ejemplo, alguien que empieza a hacer ejercicio puede comenzar a comer más sano sin haberlo decidido conscientemente. Thomas resumió así cómo afectó esta dinámica a su vida:

—Una mayor energía ha hecho que tenga aún más energía. El aumento de la esperanza y el optimismo ha fomentado en mí un optimismo más intenso y vivificante. La alerta consciente en algunas áreas de mi vida (por ejemplo, la conciencia de los sonidos, los detalles visuales y las sensaciones táctiles) ha hecho que tenga la conciencia más despierta en muchas otras áreas (por ejemplo, respecto a los acontecimientos a escala global y el mundo natural).

Distintos tipos de hábitos tienen distintas emociones y energías asociadas a ellos, pero todos pueden ser experimentados y cambiados si los abordamos con una conciencia benevolente, solícita y acogedora. En los capítulos siguientes, vamos a explorar —y trabajar con ellos— cuatro tipos principales de hábitos:

1. Los hábitos de deseo, que incluyen ansiar o buscar habitualmente comida, bebida, drogas, sexo o cualquier otra cosa deseable.

2. Los hábitos de distracción: salimos de la experiencia del momento presente y acudimos a algo que nos parece más atractivo, interesante o emocionante (como las redes sociales, los mensajes de texto, el correo electrónico o la televisión).

3. Los hábitos de resistencia, por los que queremos evitar algo que nos parece desagradable o doloroso para

nosotros (la ira, la frustración, el juicio y la impaciencia indican con frecuencia que nos estamos resistiendo a algo).

4. Los hábitos de hacer, estresarnos y preocuparnos: tenemos la sensación como de estar siempre camino a alguna parte, sin tiempo suficiente para hacerlo todo; o estamos siempre tachando elementos de la lista de cosas por hacer, con la sensación de hallarnos desconectados del presente (una sensación de estrés y, a menudo, de frenesí).

Tanto si tienes sobre todo un tipo de hábito como si los tienes todos, el mindfulness te puede conectar con tus intenciones más profundas, arrojar luz sobre los comportamientos que no te benefician y ayudarte a consolidar tu intención de efectuar cambios.

Las prácticas de mindfulness que presentaré te ayudarán a llevar la atención a los impulsos del hábito en tres momentos distintos: antes de que surjan, mientras los estás experimentando y una vez que ya han pasado. Las prácticas también fomentarán en ti actitudes de bondad, aceptación y curiosidad, las cuales conducen a los cambios de hábitos. Por último, te proporcionarán maneras hábiles de relacionarte con las emociones y los estados mentales difíciles, para que puedas experimentar sintiéndote seguro las emociones y estados mentales que tus hábitos te ayudan a evitar. Gracias a esto reducirás tu identificación con los pensamientos y creencias que dan fuerza a tus hábitos no saludables.

Un elemento clave del mindfulness como camino hacia el cambio de hábitos es que te ayuda a llegar a la raíz del hábito, a lo que se halla por debajo del comportamiento mismo. Como descubrió una amiga y colega mía, es fácil reemplazar un hábito no saludable por otro:

—Dejé de beber por la noche, pero a menudo terminaba deseando algo de comida a modo de «premio» por no beber —dijo—. Aunque se trataba de comida saludable, no podía comer tanto. Para distraerme de ese deseo, empecé a jugar en el ordenador, para matar el tiempo antes de encontrarme lo bastante cansada como para acostarme. Esto me permitía evitar mis sentimientos. Pero estar en el ordenador hasta bien entrada la noche afectaba mi sueño. Y me di cuenta de que estaba cambiando un hábito no saludable por otro no tan malo, si bien seguía siendo algo que distraía mi atención.

Su experiencia le abrió los ojos a la importancia de acudir al origen del patrón del hábito:

—Cuando vi este patrón, fui consciente de que si no me abría a la energía subyacente que quería que ese momento fuese diferente seguiría sufriendo, pero de otra forma.

SIETE BUENAS PRÁCTICAS DE MINDFULNESS PARA TRANSFORMAR HÁBITOS

En este libro descubrirás por ti mismo cómo el mindfulness nos ayuda a cambiar los hábitos no deseados o nocivos o a cultivar otros más sanos y útiles, a través de estas siete habilidades prácticas:

1. Aprender a identificar los hábitos no saludables o no deseados, ver que no están resolviendo tus necesidades y establecer conscientemente la intención de cambiar y un curso de acción para lograr el cambio.

Esta habilidad te ayudará a conectar con tus deseos más profundos, a ver el daño que te ocasionan los hábitos no saludables y a alinear tus acciones con tus intenciones.

2. Relajarte, estar abierto a la experiencia y dar la bienvenida tanto a los aspectos positivos como negativos y desagradables de esa experiencia.

   Cultivar una conciencia relajada y no enjuiciadora en tu cuerpo, tu corazón y tu mente te ayudará a sentir, simplemente, los deseos y las emociones difíciles. Si dichos deseos o emociones son apartados o, alternativamente, se les permite manifestarse, pueden conducir a comportamientos no saludables o no deseados.

3. Cultivar actitudes y cualidades que favorecen el mindfulness, en particular las de benevolencia, curiosidad y aceptación.

   Al llevar estas actitudes a tus hábitos consolidados, sencillamente reconocerás tus comportamientos y pensamientos tal como son, sin calificarlos de «malos» o «equivocados». Evitarás enjuiciar y criticar con dureza tus hábitos, lo cual a menudo los perpetúa y los refuerza.

4. Enfocar la atención por medio de la atención plena a la respiración (o bien, a otro objeto de meditación) y aprender a regresar a la respiración cuando te des cuenta de que estás funcionando en piloto automático o perdido entre tus pensamientos.

   Desarrollar la atención y la concentración te ayudará a contrarrestar la tendencia de la mente a funcionar en piloto automático y a caer en patrones habituales de pensamiento. Y el hecho de regresar, sin emitir juicios, a tu objeto de meditación, te ayudará a crear patrones nuevos y más saludables.

5. Llevar la conciencia a los pensamientos y creencias que subyacen a menudo a los hábitos consolidados.

Esta habilidad aflojará las creencias e historias, a menudo profundamente arraigadas, que pueden estar sosteniendo los patrones habituales de pensamiento y acción. Va a permitirte aceptar tus pensamientos sin identificarte con ellos o verte arrastrado por ellos.

6. Aprender a fluir con las experiencias problemáticas y desarrollar la capacidad de estar presentes con las sensaciones corporales, emociones y estados mentales difíciles.

Esta habilidad te ayudará a experimentar que puedes estar abierto a las experiencias desagradables o duras sin verte arrastrado a tener comportamientos no saludables o no deseados.

7. Desarrollar estados beneficiosos del corazón y de la mente (en particular, el amor benevolente y la autocompasión).

Esta habilidad es esencial para trabajar con las experiencias difíciles; te ayudará a hacer espacio para las experiencias dolorosas y a desarrollar las habilidades y la capacidad que te permitirán tratar de un modo benevolente e inteligente con las emociones y los estados mentales desafiantes.

UNA ADVERTENCIA: a pesar de que el mindfulness puede ser útil en cualquier situación, tal vez esta práctica o las de meditación específicas no sean siempre lo mejor para empezar. Puede haber momentos en los que estar presente con lo que se siente sea demasiado difícil de soportar. Por ejemplo, si estás experimentando un ataque de pánico, en lugar de sentarte quieto y llevar la conciencia a la respiración puede ser mejor que des un paseo o hables con un amigo de confianza o un profesional de la salud. Para poder afrontar el dolor o las emociones difíciles con suavidad, se necesita un cierto grado de estabilidad y resistencia. Las prácticas que se ofrecen en este libro te ayudarán a calmar el cuerpo y la mente, pero eres tú quien mejor puede juzgar si una práctica o un enfoque en particular te resultarán de utilidad en cualquier momento dado. El mindfulness te ayudará mucho a desarrollar y cultivar este tipo de discernimiento.

Ten también en cuenta que el mindfulness no es una fórmula mágica que transforme de inmediato los patrones establecidos desde hace tiempo. Se trata de un entrenamiento y una práctica que, con paciencia, conducen al cambio por medio de la atención y las elecciones conscientes. Y puede ser solamente uno entre varios enfoques complementarios que permiten trabajar con afecciones o patrones complejos. Por ejemplo, en el caso de los traumas o las adicciones, el mindfulness puede complementar y mejorar la eficacia de la terapia, los medicamentos, los programas de 12 Pasos y otros enfoques.

PRÁCTICA 2: ampliar el margen de maniobra (DORAR)

Esta práctica, tomada de la terapia cognitiva basada en el mindfulness, se puede realizar casi en cualquier lugar. Puede ser particularmente útil cuando alguien o algo te mueve a responder de manera reactiva o cuando estás ansioso o estresado y sientes la necesidad de aliviarte por medio de la comida, la bebida, las drogas, el tabaco o algún otro hábito no saludable. Todo lo que tienes que hacer es recordar el acrónimo DORAR, que son las siglas de detenerte, observar, respirar, ampliar (tu conciencia) y responder (conscientemente).

1. ¡Detente! Reduce la velocidad y lleva la conciencia a tu cuerpo y tu mente en este momento.

    Supongamos que acabas de tener un encuentro difícil con un compañero de trabajo, en el que ambos os enojasteis y os pusisteis a la defensiva. Al detenerte y llevar la conciencia a tu experiencia, notarás que tu cuerpo está tenso, tu cara enrojecida y tus pensamientos acelerados.

2. Observa lo que está sucediendo en tu cuerpo, tus emociones y tus pensamientos, aceptándolo y sin juzgarlo.

    Si te sientes enojado, permítete sentir la opresión en el pecho y el calor en el rostro. Puedes experimentar cierta relajación mientras lo haces. Observa los pensamientos que surgen, sin aferrarte a ellos.

3. Respira. Haz algunas respiraciones profundas y después céntrate en las sensaciones de la respiración. Permítete sentirla mientras inhalas y exhalas. Puede ser que experimentes cierto alivio al exhalar.

4. Amplía tu conciencia para incluir tu cuerpo completo, así como la situación y el contexto general, con una atención amable y acogedora. Permítete abarcar las sensaciones, los pensamientos y las emociones que están presentes, con aceptación.

5. Responde conscientemente (elige responder de una manera que apoye tus intenciones más profundas). Sea lo que sea lo que esté sucediendo en tu mente y en tu cuerpo, debes saber que tienes elección en cuanto a la forma de responder.

Adaptado de Bowen, Chawla y Marlatt, 2011, 90.

Los aspectos básicos del mindfulness. Recapitulación

Vivir de acuerdo con el mindfulness significa poner expresamente la atención en la experiencia del momento, aceptando lo que se presente y sin juzgarlo. El mindfulness hace referencia a la cualidad humana universal de ser consciente, la cual está presente en todas las grandes tradiciones religiosas, así como en muchas prácticas laicas. Pero ha sido en el contexto de las enseñanzas budistas donde esta cualidad ha sido más desarrollada e investigada, como un camino directo a la liberación del sufrimiento. Gran parte del interés actual hacia el mindfulness proviene de la adaptación de las enseñanzas y prácticas budistas a un contexto laico (es el caso, por ejemplo, de la reducción del estrés basada en el mindfulness) y de los estudios que han demostrado los beneficios del mindfulness.

El mindfulness es la mera práctica de estar abiertos a la experiencia tal como es, aquí y ahora. Sin embargo, no es fácil de llevar a cabo, porque hay muchos elementos en nuestra evolución, cultura, condicionamiento y hábitos que nos alejan de la experiencia actual. Por ejemplo, el enfoque de nuestro cerebro superviviente en defendernos contra las amenazas que percibe puede generar patrones y hábitos no saludables que nos conduzcan al estrés y al sufrimiento.

La buena noticia es que, como demuestran tanto la sabiduría antigua como la moderna neurociencia, la práctica de cultivar la atención con benevolencia y aceptación fomenta un mayor bienestar y una disminución del estrés y la ansiedad.

El mindfulness es una clave que nos permite cambiar los hábitos no saludables y desarrollar otros más positivos y útiles. Al llevar la conciencia a aquello de lo que somos apenas conscientes, podemos hacer visible lo invisible. Esto implica llevar la atención a los patrones de pensamiento y acción que han llegado a ser automáticos e inconscientes por medio de la repetición.

En los capítulos siguientes se presentan una serie de habilidades y prácticas esenciales concebidas para ayudarte a cambiar los hábitos no saludables y desarrollar otros más beneficiosos.

SEGUNDA PARTE

PONIENDO EN PRÁCTICA LA SABIDURÍA

CAPÍTULO 3

EL PODER DE LA INTENCIÓN: ¿QUÉ ES LO MÁS IMPORTANTE?

Si no sabes a dónde estás yendo, acabarás en algún otro lugar.

Atribuido a YOGI BERRA

Todos los grandes avances que han transformado nuestro mundo (desde acabar con la esclavitud y la segregación hasta viajar al espacio exterior) comenzaron con la comprensión de que algo estaba mal y había que cambiarlo o de que existían nuevas posibilidades por explorar. Luego vino la intención de hacer el cambio.

Si te fijas en tu propia vida, es probable que puedas pensar en cambios importantes que has realizado: quizá decidiste vivir de una manera más saludable, o ser más amable y considerado en las relaciones íntimas. Puedes recordar que te diste cuenta de que tus viejas maneras de actuar ya no te servían. Así que te propusiste efectuar un cambio, y después actuaste según esa intención.

La intención es la brújula interior que te mantiene en el camino. Sin intenciones claras irías a la deriva, exteriorizando viejos hábitos; serías como los restos flotantes que son llevados por el agua. Serías conducido por unos patrones de pensamiento y comportamiento que pueden haberse vuelto tan familiares para ti que te parece que forman parte de lo que eres, como el color de tus ojos o de tu cabello. Te habrías acostumbrado tanto a identificarte con tu enojo o tus preocupaciones que pensarías: «Soy una persona enojada o temerosa». Podrías incluso creer que no es posible cambiar estos patrones.

Las intenciones claras son esenciales para lograr un cambio significativo. Como viste en el capítulo 1, como los hábitos operan a través de unos procesos cerebrales que se ejecutan rápidamente, puede ser que respondas de forma automática frente a ciertos eventos, aunque tengas la intención de actuar de una manera diferente. Con el fin de cambiar los hábitos arraigados, necesitas desarrollar unas intenciones claras y fuertes que conecten tus acciones del momento con tus valores más profundos.

CÓMO ESTABLECER UNA INTENCIÓN

Es útil adoptar un enfoque de tres pasos para establecer las intenciones:

1. Discernir qué es lo que te importa más en la vida, conectar con ello y comprometerte con estas aspiraciones más profundas.
2. Identificar los hábitos que te impiden vivir según tus intenciones más profundas y comprometerte a tomar medidas para cambiarlos.
3. Alinear a cada momento tus pensamientos y acciones con tus intenciones más profundas por medio de

preguntarte: «¿Contribuye a mi felicidad este pensamiento, esta acción o esta respuesta? ¿Es compatible con mis aspiraciones más profundas?

Vamos a explorar cada uno de estos pasos.

Conectar con lo que más te importa

Con el fin de transformar tus patrones de pensamiento y comportamiento no saludables, empieza por conectar con tus intenciones y valores más profundos. Cuando me pregunto qué es lo más importante para mí en la vida, la respuesta es la paz y las relaciones afectivas. Cuando me pregunto qué es lo que anhelo más profundamente para mí y para quienes me rodean, la respuesta es un mundo más compasivo. ¿Qué es lo que te viene a la mente cuando te haces estas mismas preguntas? No existen las respuestas correctas, pero a veces puedes contentarte con menos de lo que mereces. Por ejemplo, si tu mayor deseo es tener más dinero o un trabajo que te guste, pregúntate si estos deseos apuntan a una aspiración más profunda.

Cuando hayas decidido ya qué es lo que quieres (cuando puedas expresar lo que más te importa), visualízate encarnando plenamente este deseo. Permítete experimentar las emociones, sensaciones y sentimientos resultantes de vivir esta intención. ¿Cómo lo sientes en el cuerpo, el corazón y la mente? Cierra los ojos y, al inhalar, reflexiona sobre tu intención, utilizando una palabra o frase si te resulta útil (por ejemplo, *paz*, *felicidad*, *amor* o una *vida despierta*). Escribe tu intención y léela con asiduidad. Puedes comenzar cada día reflexionando sobre tu intención más profunda y sobre aquello a lo que aspiras ese día. También puedes servirte de las experiencias ordinarias y cotidianas como recordatorios para hacer una pausa y recordar lo que es más importante para ti. Por ejemplo, cada vez que estés conduciendo y llegues a un semáforo en rojo, en lugar de esperar con impaciencia o comprobar la llegada de posibles mensajes en tu teléfono, puedes hacer un par de respiraciones completas y reflexionar sobre la intención que deseas manifestar.

Reconocer lo que se interpone en tu camino

A continuación, piensa en los patrones de pensamiento y comportamiento que puedan obstaculizar la realización de tus intenciones más profundas.

¿Hay alguna actividad que te mantenga desconectado de ti mismo o tus seres queridos (por ejemplo, estar demasiado absorbido por el trabajo, de manera que te queda poco tiempo para la familia)? ¿Albergas pensamientos de autocrítica o de falta de merecimiento que te impidan creer que puedes llevar a cabo un cambio significativo? Cuando piensas en estos patrones, ¿cómo te sientes? ¿Qué sensaciones corporales, emociones y pensamientos están presentes? Puede ser que notes tensión en el vientre o el pecho o que no puedas respirar a pleno pulmón. Si experimentas algo de esto, trata de acoger estas sensaciones con benevolencia, interés y aceptación; permite que vengan y se vayan por sí mismas.

A veces, los hábitos que nos impiden acercarnos a lo que más nos importa tal vez no sean drásticos o muy evidentes pero aun así pueden ocasionarnos estrés, insatisfacción, sufrimiento o la sensación de no estar totalmente conectados con nosotros mismos.

Hace varios años, tenía el hábito de beber un par de vasos de vino en casa cada noche después del trabajo. Parecía algo relativamente inocuo. El vino no estaba creando un gran agujero en mi presupuesto, y esa poca cantidad de bebida no parecía constituir un «problema». Pero cuando le presté más atención al tema, sentí una especie de «enganche» al acto de beber por las noches. Lo esperaba con ganas; me proporcionaba alivio después de una larga jornada laboral. También percibí algo de ansiedad; cuando salía del trabajo, me preguntaba: «¿Tengo una botella de vino en casa? ¿Tengo que pararme a comprar una?». También tenía la sensación de que una noche sin un vaso o dos de vino sería menos agradable, que me perdería algo que disfrutaba.

La sensación de ansiedad, que se presentaba junto con cierta tensión corporal, señalaba la necesidad de prestar atención a ese asunto. Había presente una sensación de malestar y cierto apego, es decir, las dos primeras de las Cuatro Nobles Verdades del Buda (el sufrimiento y el apego como la causa del sufrimiento).

Con el tiempo, ejerciendo la intención y la atención puse fin al hábito de beber por las noches (al principio experimenté cierto malestar, al no contar con este hábito como alivio). Pasé a tomar una cerveza o un vaso de vino solo de manera ocasional y a partir de mi elección consciente, en lugar de hacerlo mecánicamente o por costumbre. Si miro hacia atrás, creo que renuncié más al deseo que al vino propiamente (es decir, renuncié a la sensación de que necesitaba tomar un par de vasos de vino para sentirme relajado y a gusto por la noche). Prescindir de este hábito me aportó una sensación de bienestar, como si hubiese soltado un peso con el que hubiese estado cargando.

Me sentí más en paz cuando dejé de experimentar esas ganas de beber por la noche.

En tu caso, ¿qué es lo que está evitando que te sientas completamente vivo y conectado a tus intenciones más profundas?

Conectar con tus intenciones a cada momento

Cada una de tus acciones voluntarias está precedida por una intención. A menudo, sin embargo, puede ser que no seas consciente de tus intenciones, si actúas sin pensar u obedeciendo a un hábito; por ejemplo, te rascas sin ser consciente de la intención que precedió al movimiento de rascarte. O dices algo por reflejo o como reacción, sin advertir el impacto potencial de tus palabras. O te encuentras con que has ido hasta el congelador y te has comido un cuarto de litro de helado sin tan siquiera haber llevado a cabo una elección consciente.

Aquello que experimentas en cualquier momento dado es el fruto de intenciones y acciones del pasado, así como de factores externos. Todo aquello que está presente está aquí; no puedes cambiar lo que está aquí ahora, ya se trate de una sensación de entusiasmo, un dolor de cabeza, una emoción de tristeza o una sensación de paz. Pero puedes elegir cómo responder a lo que está aquí y sembrar las semillas del futuro bienestar (o las del sufrimiento) según cómo afrontes este momento. Si lo afrontas con presencia, con atención plena, estarás preparando el terreno para experimentar felicidad y bienestar en el futuro. Y si tu intención más profunda es la paz, puedes traer la paz a este momento. Dorothy Hunt expresa esta cualidad de la presencia en su poema «La paz es este momento cuando no lo juzgamos»:

¿Crees que la paz requiere el fin de la guerra?
¿O que los tigres coman solo verduras?
¿Exige la paz que no esté tu jefe,
ni tu cónyuge, ni tú mismo? [...]
¿Crees que la paz acudirá a algún lugar
que no sea este?
¿En algún momento distinto de ahora?
¿A algún corazón que no sea el tuyo?

La paz es este momento cuando no lo juzgamos.
Eso es todo. Este momento, en el espacio del corazón
en que todo lo que es, es bienvenido.
La paz es este momento cuando no pensamos
que debería ser de alguna otra manera,
que deberíamos sentir otra cosa,
que la vida debería transcurrir
de acuerdo con nuestros planes.

La paz es este momento cuando no lo juzgamos;
este momento, en el espacio del corazón
en que todo lo que es, es bienvenido.

En este momento, o en cualquier otro, ¿qué acción o respuesta está de acuerdo con tu intención más profunda y puede ayudarte a abandonar un hábito no saludable o cultivar otro más útil?

LA INTENCIÓN: LA BÚSQUEDA DEL BUDA

En el capítulo 2 describí elementos clave en la vida del Buda. El viaje que emprendió Siddhartha para convertirse en el Buda ofrece uno de los ejemplos más claros e inspiradores del poder de la intención.

Todas sus acciones (abandonar el hogar, convertirse en un mendigo errante, estudiar con maestros reconocidos, llevar a cabo prácticas austeras rigurosas...) tenían por objeto responder a la pregunta: «¿Es posible la libertad?». Sus estudios no le permitieron resolver el problema y sus prácticas ascéticas no hicieron más que reforzar una dualidad interior. Pero aprendió de esas experiencias y prosiguió con su búsqueda con diligencia. Sentado en meditación bajo un árbol en el norte de la India, se dio cuenta de que la libertad no viene de fuera de nosotros, sino que pasamos a ser libres cuando dejamos de estar aferrados a cualquier cosa. A partir de ese momento fue conocido como el Buda (alguien que por medio de su intención y esfuerzo ha hecho realidad el fin del sufrimiento).

PRÁCTICA 3: cultivar la intención al trabajar con los hábitos

Durante la semana que te queda por delante, tómate algún tiempo cada día para reflexionar sobre lo que más te importa en la vida (tu deseo más profundo en relación contigo mismo, tu vida y el mundo). Escribe tus intenciones y encuentra momentos para reflexionar sobre ellas durante el día.

A continuación, se describen dos prácticas que te ayudarán a que tus acciones sean más acordes con tus intenciones (están disponibles como meditaciones guiadas, en inglés, en www.newharbinger.com/32370).

Hacerte consciente de los hábitos que te impiden experimentar paz y felicidad

A lo largo del día, advierte todas aquellas ocasiones en las que una situación, persona, noticia, evento mundial o cualquier otra cosa te impulse a pensar o actuar de una manera que no es coherente con tus intenciones o valores más profundos. ¿Presentan similitudes las situaciones que te parecen más difíciles o en las que te comportas de maneras distintas a como preferirías comportarte? Hay personas a quienes ver las noticias de la televisión les hace sentirse enojadas, indignadas o críticas. A otras, el hecho de tener que esperar por algo hace que se sientan impacientes o frustradas. Y están también aquellos a quienes las sensaciones de estrés o ansiedad les provocan el deseo de comer, beber, fumar, ir de compras o contraer otros hábitos.

¿Cómo sueles responder frente a los impulsos que experimentas o a los factores desencadenantes que se presentan? Cuando te hallas enfrentado a una situación, emoción o decisión difícil, ¿te ves atrapado por pensamientos que parecen tomar el control de tu mente (por ejemplo, pensamientos de ansiedad, miedo, enojo o juicio)? ¿O bien pospones las cosas, «te quedas en Babia», acudes a Internet o ves la televisión? Cuando sentimos emociones negativas, dolorosas o difíciles, es natural que queramos experimentar alivio. ¿Buscas consuelo en la comida, la bebida, el sexo, el trabajo o de alguna otra manera?

Elige uno de los siguientes patrones de respuesta y familiarízate tanto como puedas con las sensaciones, emociones, pensamientos y creencias vinculados a ese patrón:

- **Sensaciones:** en primer lugar, ¿qué sientes en el cuerpo cuando te ves obligado a responder de esta manera?

Puede serte útil nombrar aquello de lo que eres consciente: «opresión en el pecho», «respiración superficial», «músculos tensos», «querer moverme o hacer algo»... Limítate a ser consciente de estas sensaciones; experiméntalas sin juzgarlas.

- **Emociones:** a continuación, ¿qué emociones o estados mentales experimentas cuando te sientes impulsado a responder de esta manera? Nómbralos, si esto te ayuda: «preocupación», «juicio», «ira», «frustración», «deseo», «aburrimiento»... Percibe cómo sientes estas emociones o estados de ánimo en el cuerpo. Observa los pensamientos que los acompañan; permite que se presenten y recíbelos con benevolencia y aceptación.

- **Pensamientos y creencias:** por último, ¿qué pensamiento, creencia o historia surge cuando sientes el impulso de responder de esta manera? Trata de desvincular el pensamiento de las sensaciones corporales y las emociones. Estos son ejemplos de posibles pensamientos: «Esta sensación es abrumadora», «Tengo que tener _____», «Voy a sentirme mucho mejor si tengo _____», «Si no sigo trabajando/planificando/avanzando, va a pasar algo terrible». Recibe el pensamiento o la creencia de que se trate con amabilidad y aceptación. Si puedes percibir el pensamiento, observarlo y soltarlo, va a empezar a perder su poder sobre ti.

Forjar un hábito nuevo, más saludable

Reflexiona sobre tus intenciones más profundas y sobre cómo perseguir un nuevo objetivo, como perder peso o hacer ejercicio con asiduidad, favorece dichas intenciones.

1. Elabora un plan específico para lograr este objetivo o cultivar este nuevo hábito. ¿Qué harás? ¿Cuándo? ¿Cómo? ¿Dónde? Por ejemplo, si tu objetivo es perder peso por medio de evitar los alimentos poco saludables, comer otros más nutritivos y hacer ejercicio con asiduidad, piensa en los pasos y actividades específicos que te ayudarán a lograr este objetivo. Por ejemplo:

- Voy a hacer una lista antes de salir a comprar que solo incluirá alimentos saludables. Me comprometeré a adquirir solamente lo que esté en la lista y a no comprar nada por impulso.
- Cada día, cuando vuelva del trabajo, le voy a dar de comer al gato, y a continuación me pondré las zapatillas de deporte y daré un paseo de treinta minutos por el barrio o el parque.
- Voy a traer aperitivos saludables al trabajo cada día, con el fin de no ir a la máquina expendedora a por una barra de chocolate cuando sienta el impulso de comer.

2. Visualiza cómo te sentirás cuando estés teniendo el comportamiento saludable. ¿Qué es lo que ves, oyes, hueles, saboreas, tocas y piensas cuando te imaginas realizando esa actividad que se corresponde con tus intenciones? Permítete asimilar esos sentimientos, sensaciones, imágenes y pensamientos. Los estudios (por ejemplo, el de Morris, Spittle y Watt, 2005) muestran que cuando nos visualizamos ejecutando una acción en particular, activamos las mismas áreas del cerebro que cuando estamos realizando la actividad. Por ejemplo, el hecho de

imaginarse metiendo la pelota en la canasta ayuda a los jugadores de baloncesto a crear nuevas rutas neuronales.

3. Imagina con el mayor detalle posible un obstáculo que pueda interponerse en la consecución de este nuevo comportamiento saludable e imagina cómo vas a superarlo cuando se presente (si se presenta). Por ejemplo, si tu objetivo es perder peso por medio de comer de manera más saludable, un obstáculo puede ser que te encuentres caminando por un determinado pasillo del supermercado y veas tus dulces favoritos. Visualiza cómo haces frente a este obstáculo: eliges evitar ese pasillo o bien llevas la conciencia al cuerpo y la respiración mientras caminas por él, y luego sigues adelante.

El psicólogo Kelly McGonigal, de la Universidad de Stanford (McGonigal, 2012) sugiere que nos hagamos seis preguntas útiles con el fin de cultivar un nuevo hábito y cumplir un objetivo:

1. ¿Cuál es mi objetivo más importante?
2. ¿Cuál es la motivación más profunda por la que quiero cumplir este objetivo?
3. ¿Qué acción específica puedo llevar a cabo para perseguir esta motivación?
4. ¿Cuándo, dónde y cómo estoy dispuesto a emprender esta acción?
5. ¿Cuál es el mayor obstáculo que se interpone en el emprendimiento de esta acción?
6. ¿Qué medidas voy a adoptar para evitar este obstáculo?

EL PODER DE LA INTENCIÓN: ¿QUÉ ES LO MÁS IMPORTANTE? RECAPITULACIÓN

Si quieres cambiar hábitos no saludables o que no desees tener, tus intenciones son un factor clave. A menos que tengas claro por qué quieres llevar a cabo un cambio en tu vida y cómo efectuar ese cambio te alineará con tus aspiraciones más profundas, tus viejos patrones de pensamiento y comportamiento prevalecerán.

Con el fin de cambiar hábitos profundamente arraigados, has de tener claro qué es lo que más te importa y cuáles son los patrones de pensamiento y comportamiento que pueden constituir obstáculos para que logres tus aspiraciones más profundas; a continuación, comprométete a emprender la acción para desencadenar el cambio. Hay tres pasos que pueden ayudarte a cambiar los hábitos no saludables:

1. Piensa en lo que te importa más en la vida e identifica tu intención más profunda. Comprométete a que tus acciones y tu vida sean coherentes con esta intención.

2. Identifica los hábitos que se interponen en el camino de lo que más te importa y comprométete con la intención de cambiar: acude al mindfulness para cambiar un viejo hábito o cultiva otro nuevo, que esté más acorde con tu intención.

3. Mientras llevas la conciencia a tu experiencia del momento, establece o evoca la intención de avanzar hacia tu aspiración más profunda. Elige permanecer con tu experiencia del momento presente, en lugar de caer, por inercia, en tus pensamientos y comportamientos habituales.

CAPÍTULO 4

DAR LA BIENVENIDA A LOS «INVITADOS»

*No intentes salvar al mundo entero
o hacer algo grandioso.
En lugar de ello, crea un claro
en el bosque denso de tu vida
y aguarda ahí con paciencia,
hasta que la canción
que solo a ti te corresponde cantar
caiga en tus manos abiertas en forma de copa,
la reconozcas y le des la bienvenida.
Solo entonces sabrás cómo darte a este mundo
que tanto merece ser salvado.*

MARTHA POSTLETHWAITE,
El Claro

Cuando actuamos de formas que no son coherentes con nuestros valores y aspiraciones profundas, experimentamos estrés y sufrimiento. Cuando hacemos algo que sabemos que no es saludable, como comer inconscientemente o perdernos en el terreno baldío de las distracciones electrónicas, sentimos que existe una brecha entre lo que estamos haciendo y la manera en que queremos vivir, y nos resulta doloroso. Añade a esto la autocrítica y el autojuicio e incluso la creencia de que somos personas defectuosas o malas a causa de nuestras acciones.

Se cuenta que un hombre quería ir a Newcastle y le preguntó a alguien cómo llegar allí. Esa persona respondió:

—Si yo quisiera ir a Newcastle, no partiría de aquí.

A menudo nos gustaría poder empezar desde algún otro lugar. Si tuviéramos la ecuanimidad del dalái lama, la capacidad para el perdón de Nelson Mandela o la compasión de la Madre Teresa, nos resultaría mucho más fácil ser pacíficos, indulgentes o bondadosos. Pero si queremos conocer la paz y la libertad en nuestras vidas, no tenemos más remedio que partir de donde estamos.

Como se mostró en el capítulo 2, la primera de las Cuatro Nobles Verdades enseña la importancia de reconocer el propio sufrimiento. Este reconocimiento es esencial si queremos encontrar una salida. Del mismo modo, reconocer los hábitos dañinos o no deseados por medio de llevar a ellos nuestra conciencia es el primer paso para cambiarlos.

Pasar de pensar: «Esto no debería estar pasando» a reconocer: «Esto está teniendo lugar (y es doloroso)» puede aportarnos una comprensión profunda y es un paso importante hacia una mayor libertad.

Pero modificar los hábitos es un reto. Para crear nuevos patrones de pensamiento y comportamiento, antes tienes que advertir cuáles son tus desencadenantes (lo que te impele a actuar). Una vez que aprendas a percibir tus desencadenantes, tendrás dos opciones cada vez que sientas el impulso de reproducir un hábito:

- Manifestar el comportamiento habitual.
- Permitirte experimentar los sentimientos, sensaciones, pensamientos y emociones que están presentes, y después optar por no manifestar el comportamiento habitual.

Esta segunda opción tal vez no conduzca a ninguna acción externa; puede implicar solamente que sintonices con tu experiencia y permitas que el impulso pase por sí mismo. O puede implicar que elijas una respuesta más saludable, como sustituir un paseo a la tienda de donuts por un paseo por el parque. De esta manera, vas a crear un nuevo patrón de pensamiento o comportamiento que será coherente con tus valores e intenciones.

Una pregunta útil que puedes hacerte cuando sientas el impulso de actuar según un hábito no saludable es esta: «¿Qué tendría que experimentar si no comiese esta galleta o fumase este cigarrillo? ¿Qué tendría que sentir?».

El entrenamiento en el mindfulness comienza con abrirse a la experiencia tal como es. Pero el mindfulness es mucho más que una técnica para cultivar la conciencia de la experiencia. Es la actitud de relacionarse plenamente, con el corazón abierto, con la vida tal como es (reconociendo lo que se está experimentando y acogiéndolo con benevolencia y aceptación).

La disposición a habitar los propios sentimientos (sentir tristeza sin huir a distraernos revisando el correo electrónico, o experimentar un antojo sin recurrir al alivio inmediato de encender un cigarrillo) es lo que nos permitirá cambiar los hábitos no deseados.

Esta disposición te ayudará a ver que todas las experiencias, por difíciles que sean, son temporales y que lo que experimentas, en última instancia no te define. Si eres capaz de permitirte sentir dolor, tristeza y vergüenza sin decirte a ti mismo que estas emociones y sensaciones difíciles indican algo acerca de ti, puedes sencillamente experimentarlas y soltarlas, al igual que los fenómenos meteorológicos pasan sobre un territorio y siguen adelante.

El cultivo de una actitud de acogida, de decir sí a lo que es, es clave para cambiar nuestros hábitos no saludables. Maulana Jalāl al-Din Rumi, poeta sufí del siglo XIII, refleja esta actitud de acogida en su poema «La casa de huéspedes» (Jalāl al-Din Rumi, 2004, 109):

El ser humano es una casa de huéspedes
en que cada mañana llega uno.

Una alegría, una depresión, una mezquindad,
cierta conciencia momentánea
viene como un visitante inesperado.

¡Dales la bienvenida y hospédalos a todos!
Incluso si son una multitud de dolores
que, con violencia, desvalijan tu casa,
aun así trata a cada huésped de forma honorable:
puede ser que te estén vaciando
para que puedas acoger algún nuevo deleite.

Los pensamientos oscuros, la vergüenza, la malicia...:
recíbelos en la puerta riendo
e invítalos a entrar.

Sé agradecido por todos los que vienen,
porque cada uno ha sido enviado
como un guía del más allá.

Cuando acojas tu experiencia de esta forma, encontrarás refugio en la verdad. Ya no lucharás con tu experiencia o con la vida. Anthony de Mello, escritor y filósofo jesuita, afirmó que la libertad o la iluminación implica una «absoluta cooperación con lo inevitable» (citado en Adyashanti, 2008, 157). En otras palabras, aunque podrías haber deseado que este momento fuese diferente, así es como son las cosas ahora mismo. Luchar con esta verdad es sufrir. Estar abierto a este momento (a este sentimiento, sensación, estado de ánimo, emoción o pensamiento) sin juzgarlo o resistirse a él es una puerta hacia la libertad y una forma de acabar con los hábitos no deseados.

La historia de Martha

Martha, un miembro de mi clase semanal de meditación, se vio atrapada en un atasco de tráfico en su camino al trabajo. Tenía una jornada laboral difícil y apretada por delante, con varias reuniones consecutivas y algunas conversaciones difíciles que mantener con miembros del personal. Se sentía nerviosa y ansiosa. Sin ni siquiera ser consciente de su intención, sintió que sus manos se movían hacia su teléfono para comprobar el correo electrónico. Pero su práctica del mindfulness le permitió detenerse. Tomó conciencia de su necesidad de comprobar sus mensajes y prestó atención a sus sensaciones corporales y emociones (una opresión en el estómago y una sensación de inquietud, confinamiento y ansiedad que la distracción del teléfono acaso podría calmar) y decidió permanecer con esas sensaciones. No eran agradables, pero se dio cuenta de que no duraban mucho tiempo. Su mente pasó a generar pensamientos sobre el día que le esperaba en el trabajo, pero ella optó por regresar a sus sensaciones corporales y a la respiración. Llevó el aire a sus sensaciones y sintió cómo estas aparecían y se desvanecían como olas.

En el proceso, Martha se relajó. Estaba atrapada en el tráfico, pero no importaba. Estaba sentada cómodamente en su coche, y no pasaba frío. Ciertamente, no estaba yendo deprisa a ninguna parte, pero una vez que aceptó que la realidad era esa, se dio cuenta de que no tenía por qué ser una fuente de sufrimiento. El resto del día era el futuro y tendría sus tiempos. Miró al conductor del carril de al lado: estaba ocupado con sus mensajes de texto. Ella se rio; no de él, sino por la forma en que nuestra mente humana nos puede llevar o bien a la paz o bien al estrés y la preocupación.

—Sé que voy a olvidar esta comprensión a veces, pero estoy muy agradecida de saber que siempre puedo volver al momento presente. Sé que la libertad está aquí y ahora cuando suelto las historias y el futuro —dijo más tarde.

Relajar el cuerpo y la mente

Cuando te abras totalmente a tu experiencia, la vida será mucho menos problemática. Sea lo que sea lo que surja, puedes acogerlo con ecuanimidad. Las experiencias desafiantes, difíciles o dolorosas no dejarán de ser desafiantes, difíciles o dolorosas, pero puedes recibirlas como un desafío y no como una maldición (como algo que no debería estar sucediendo).

El hecho de darte cuenta de que tu libertad y tu paz dependen más de la forma en que recibes tu experiencia y respondes a ella que de lo que te sucede es una comprensión profunda de la vida espiritual. Viktor Frankl, reputado psicólogo que sobrevivió a los campos de concentración nazis, expresó cómo incluso en las situaciones más extremas tenemos la libertad de decidir cómo responder:

> Los que hemos vivido en los campos de concentración recordamos a los hombres que iban por las barracas consolando a los demás y dándoles su último pedazo de pan. Acaso fueron pocos, pero ofrecen la prueba suficiente de que a un hombre se le puede quitar todo excepto una cosa: la última de las libertades humanas, la de elegir la propia actitud ante cualquier conjunto de circunstancias, la de elegir la propia forma de proceder (Frankl, 2006, 86-87).

Pero llegar a esta conclusión sin el catalizador de una experiencia sumamente traumática implica un viaje, un entrenamiento en acoger lo que se esté experimentando con valor, dando la bienvenida a los invitados.

Los «invitados», sin embargo, son a menudo tempestuosos, ruidosos e insistentes. El mensaje que mande tu cerebro superviviente a tu sistema nervioso puede ser el de huir, luchar o quedarte inmóvil. Y el mensaje compensatorio de la corteza prefrontal (la parte más avanzada y evolutivamente más reciente del cerebro) de que todo está bien puede pesar mucho menos que el mensaje perentorio de luchar o huir. Piensa en un ataque de pánico, en que las sensaciones corporales intensas de tensión y aceleración del corazón se combinan con emociones de miedo o terror y pensamientos acerca de las cosas malas que podrían suceder. Está lejos de ser fácil no hacer más que sentarse con tales «invitados».

Por ello, te resultará útil comenzar la práctica de la meditación mindfulness relajando el cuerpo y la mente tanto como te sea posible y creando las condiciones que te ayudarán a estar abierto a tu experiencia con calma y ecuanimidad. Las prácticas que siguen te ayudarán a relajarte, asentarte y estar abierto a lo que surja. Puedes llevarlas a cabo de manera secuencial al comienzo de un período de meditación o, si dispones de tiempo limitado, puedes realizar una o más de acuerdo con tus preferencias.

La mayor parte de las meditaciones guiadas duran unos quince minutos (normalmente, recomiendo a los principiantes que mediten durante esta cantidad de tiempo). Una vez que hayas establecido una práctica asidua, puedes programar una alarma y sentarte durante quince, veinte o treinta minutos, o incluso más.

PRÁCTICA 4: calmarse y acoger

Para llevar a cabo cada una de estas prácticas, encuentra un lugar tranquilo y siéntate cómodamente en una silla (o en una banqueta o un cojín). Manteniendo la espalda recta, relaja los hombros y deja que las manos descansen en tu regazo (o en las rodillas o los muslos). Ten el pecho abierto, para poder respirar con facilidad. Permite que tus ojos se cierren suavemente; o, si lo prefieres, mantenlos abiertos y deja que tu mirada repose, con suavidad y sin enfocarla, uno o dos metros delante de ti.

Permítete llevar la atención al cuerpo. Siente la respiración en las fosas nasales y cómo suben y bajan tu pecho y tu vientre. Siente el contacto de tu cuerpo con la superficie sobre la que estás sentado.

Respira de forma profunda y relajada

Toma una inhalación completa, profunda, hasta llenar tus pulmones. Espera unos segundos antes de exhalar; a continuación, suelta el aire poco a poco, y totalmente. Inhala profundamente otra vez, llenando el cuerpo con la respiración, y vuelve a soltar el aire lentamente. Al exhalar, imagina que te liberas de todas tus tensiones y preocupaciones. Con la próxima inhalación profunda, invita a que una cualidad de calma imbuya tu cuerpo y tu mente. Puedes decir para tus adentros al inhalar y exhalar: «Calma» o «Inhalo: el cuerpo se calma; exhalo: la mente se calma». Haz otro par de respiraciones profundas, relajantes, y después deja que la respiración se asiente en su propio ritmo natural.

Relaja el cuerpo de forma progresiva

Lleva la atención hacia dentro y escanea tu cuerpo, empezando por el cuero cabelludo y descendiendo por la cara, el torso y la parte inferior del cuerpo. Si sientes tensión en cualquier zona al hacer esto, invita a esa zona a relajarse.

Mientras respiras de forma relajada, presta especial atención a aquellas áreas en las que muchos de nosotros tendemos a acumular tensión: los ojos, la cara, la lengua, la mandíbula, los hombros, la parte posterior del cuello o la parte superior de la espalda. Después desciende al pecho y el vientre, los cuales apretamos a menudo cuando estamos tensos o estresados. Invítalos a relajarse y ablandarse y permite que tu respiración entre en el vientre, que ahora está relajado y abierto. Ahora, permite que tu atención vaya bajando: desde el abdomen hasta las ingles y de ahí a los muslos, rodillas, muslos, pantorrillas y pies. Cuando llegues a cada una de estas partes, invítala a relajarse.

A continuación, lentamente, vuelve a llevar la atención a tu cuerpo. Si hay una zona en que todavía estés alojando tensión, detente en ella y, respirando de manera cómoda y relajada, invita a que se suelte de manera natural, soltando cualquier tipo de tensión. Ahora lleva la conciencia al conjunto del cuerpo y permanece a gusto, receptivo y relajado.

Invítate a sonreír

Sentado de forma cómoda y relajada, percibe lo que sientes al invitar a que una sonrisa acuda a tu cara, mediante la activación de los músculos de las comisuras de la boca y los ojos. No es necesario que te sientas especialmente feliz o alegre para relajarte y destensarte a través de la sonrisa. El hecho de invitarte a sonreír envía un mensaje de seguridad y bienestar al cerebro y al sistema nervioso.

Puede ayudarte a sonreír el hecho de evocar el recuerdo de alguien que te haga sentir feliz o un lugar donde te sientas tranquilo y en paz. Permítete sentir cualquier cambio en las sensaciones corporales a raíz de tu sonrisa. Ahora, permite que tu sonrisa sea la expresión de la forma en que deseas recibir todo aquello que surja. Sonríe a la tensión de los hombros, sonríe para recibir un pensamiento de ansiedad, sonríe a las alegrías y las penas que se presentan. Da la bienvenida a los «invitados». Y sonríe también en cualquier momento de tu meditación (y en la vida diaria).

«Soy consciente de...»

Muchos de nosotros pasamos grandes lapsos de tiempo perdidos entre nuestros pensamientos y desconectados de nuestros cuerpos y emociones, de nuestra vitalidad. El maestro budista tibetano Chögyam Trungpa describió la condición humana en que nos hallamos cotidianamente como «un enorme "atasco de tráfico" de pensamiento discursivo» (Trungpa, 1999, 66). Una práctica sencilla y eficaz que puede ayudarte a ser más consciente de tu experiencia directa y a vivir más plenamente en el presente es percibir aquello de lo que eres consciente momento a momento.

Puedes llevar a cabo esta meditación casi en cualquier lugar. Se trata de que te sientes cómodamente y lleves la conciencia a todo aquello que observes, y de que nombres o percibas los sonidos, sensaciones, emociones, pensamientos, sabores, olores e imágenes que entren en tu consciencia. Puedes decir: «Soy consciente de _____» o, sencillamente, percibir lo que sea que esté presente (como la opresión en el vientre o el ruido del tráfico).

Sigue a continuación la transcripción de una meditación de cinco minutos sobre «ser consciente», la cual practiqué en un avión volviendo de Londres:

Soy consciente del ruido del motor..., de la tensión en el pecho y el vientre..., de la respiración profunda..., de tragar..., de la tensión alrededor de los ojos..., de tomar una inhalación profunda..., de la voz de un niño..., de que alguien tose..., del nudo que tengo en la garganta..., del sonido de una voz..., del estruendo del motor..., de la relajación..., de mis manos en el teclado..., del frescor del aire..., de la sensación de estar confinado..., de la tos..., de la respiración relajada..., de la oscuridad de la cabina..., del brillo de la pantalla..., del fragmento de un poema que acude a mi mente..., de los pensamientos acerca de llegar a casa...,del pensamiento de ver a mi madre..., de la tristeza que hay alrededor de mis ojos..., de tragar..., del aire fresco en las fosas nasales..., de una voz..., de letras tecleadas al azar por unas manos que se hallan en un espacio cerrado..., de la somnolencia.

La que sigue a continuación la llevé a cabo en una cafetería:

Soy consciente de la opresión que siento en el vientre..., de una canción en la radio..., de la emoción agradable que surge en respuesta a la canción..., de las voces ... de la sequedad que siento en la boca..., del sabor del café..., del chirrido de la puerta al abrirse y cerrarse..., del pensamiento de que «deberían ponerle aceite a la puerta»..., del tono de voz alto del barman..., de que alguien pregunta si puede sentarse..., de que asiento con la cabeza y con una sonrisa..., de la canción agradable que suena en la radio..., de preguntarme quién es el cantante ... del chirrido de la puerta ... de la opresión en el vientre en respuesta al chirrido..., de la canción..., del bolígrafo presionando contra los dedos..., del chirrido..., de mirar a otros clientes..., de pensar con qué rapidez se ha llenado la cafetería.

Lo bueno de esta práctica es que no hay nada «malo» si puedes, sencillamente, ser consciente y tomar nota de ello. Esto te ayuda a ver que todo surge, permanece durante un tiempo y luego pasa. Y si puedes tomar conciencia de lo que está presente sin apegarte a ello, alejarlo o juzgarlo, puedes experimentar paz y bienestar y aliviar el estrés y el sufrimiento.

DAR LA BIENVENIDA A LOS «INVITADOS». RECAPITULACIÓN

El mindfulness te invita a empezar allí donde estás, a reconocer que este momento, esta experiencia, es «así». Se derivan poder y libertad del hecho de estar abiertos a este momento tal como es. Puede resultarte útil la imagen de que tus experiencias, sensaciones y pensamientos son «invitados» que vienen a visitarte durante un tiempo (por más dolorosos, placenteros, alegres o tristes que sean). Si puedes tener una actitud de acogida incluso hacia tus experiencias más difíciles, pasarán a ser algo menos personal, menos problemático; serán más como un fenómeno meteorológico, cuyos patrones pueden ser intensos pero siempre son transitorios. Verás que puedes experimentar impulsos, emociones fuertes, sensaciones corporales desafiantes y pensamientos difíciles sin buscar refugio en los hábitos no saludables.

Tomarte algo de tiempo para calmar la mente y el cuerpo y cultivar una sensación de tranquilidad y bienestar también puede ayudarte a crear las condiciones para acoger cualquier experiencia que surja.

CAPÍTULO 5

CULTIVAR ACTITUDES DE MINDFULNESS

Si estás afligido por cualquier cosa externa, el dolor no se debe a la cosa misma, sino a tu sobrevaloración de ella. Y esto tienes el poder de revocarlo en cualquier momento.

MARCO AURELIO, *Meditaciones*

Centrar la atención en la experiencia directa, de la que hablaremos con más detalle en el siguiente capítulo, está en el núcleo del mindfulness y es esencial para transformar los hábitos no saludables o no deseados. Pero la atención no es suficiente: puedes estar muy alerta y atento y esperar el momento exacto para hacer un comentario mordaz o hiriente que tal vez te deje con remordimientos o acabe con una relación. Un carterista o un ladrón pueden tener una concentración y una atención espléndidas que les permiten tener éxito en sus delitos, a la vez que son indiferentes a los daños que ocasionan a sus víctimas y que se ocasionan a sí mismos. Un meditador diligente puede desarrollar profundos estados de concentración, pero si no ha cultivado la aceptación y la autocompasión puede acabar desilusionado o lleno de dudas si aparecen emociones o estados mentales dolorosos o difíciles que no puede resolver solo concentrando su mente.

Tus intenciones son cruciales, ya que sintonizan tus pensamientos y acciones con lo que más te importa y con aquello a lo que aspiras más profundamente. Y tus intenciones y acciones deben estar guiadas por una comprensión y un enfoque éticos de la vida: el compromiso de vivir y actuar de una forma sabia, consciente y compasiva. De lo contrario (si para ti el mindfulness consiste solamente en enfocar la atención), puedes seguir exteriorizando hábitos nocivos, pero más concentrado. En un nivel más profundo, debes preguntarte: «¿Conduce este pensamiento o acción al bienestar, la mejora o la felicidad propios y de los demás, o conduce al daño y el sufrimiento?». A continuación, puedes tomar aquellas decisiones que probablemente conduzcan al bienestar, la paz y la armonía y evitar aquellas que probablemente ocasionarán algún daño.

También son algo esenciales las actitudes y cualidades que traes a tu experiencia. Preguntas clave que puedes hacerte en cualquier momento en el transcurso de la meditación y la vida diaria son: «¿Cómo estoy abordando este momento? ¿Cuáles son las cualidades del corazón y la mente con las que estoy respondiendo a mi experiencia aquí y ahora?».

En psicología, las actitudes se conocen como tendencias aprendidas con las que valoramos ciertas cosas (por ejemplo, las personas, los lugares o las situaciones) de forma favorable o desfavorable. Por lo tanto, las actitudes pueden cambiar. Según la comprensión budista y en las prácticas de mindfulness, las actitudes también se ven como algo que puede cambiarse.

Puedes cultivar aquellas actitudes que favorecen una mayor felicidad y bienestar y abandonar las que conducen al estrés y el sufrimiento.

Como hemos visto, el núcleo del enfoque de la experiencia propuesto por el mindfulness es una actitud de receptividad a este momento tal como se despliega. Esta receptividad se expresa de diversas maneras: como *acoger la experiencia*; *aceptar*; *permitir*; *decir sí a lo que es*; *no resistirse* (*o no juzgar, no aferrarse*); *estar abierto a*; *estar con la experiencia*, *y dejar que lo que es, sea*. Todas estas palabras, frases e imágenes apuntan a la misma actitud o cualidad de la mente: poner fin al conflicto con la experiencia de este momento, abrirse a este momento tal como es. Esto no constituye pasividad, sino un compromiso creativo y dinámico con la propia experiencia.

Hace algún tiempo me di cuenta de que algo había cambiado en mi manera de conducir. Conducía con impaciencia más a menudo, veía que otros conductores se cruzaban en mi camino, hacía sonar más el claxon y llegaba a casa más tenso que de costumbre.

No era consciente de que hubiese ninguna razón o acontecimiento en particular que explicase ese cambio. Pero como estaba impartiendo un curso sobre traer el mindfulness a los hábitos no deseados, ese patrón parecía ser un área de mi vida que requería que le prestase atención.

Cuando me puse a examinar mis intenciones, se me hizo evidente que mi objetivo principal había sido llegar a mi destino lo más rápido posible. Cuando llevé la conciencia a una intención más profunda, conecté con mi deseo de ser un conductor amable y precavido, comprometido con llegar sano y salvo a mi destino, y que deseaba lo mismo a los otros conductores.

Después, cuando examiné mi actitud, vi que por lo general era la de resistirme a lo que estaba sintiendo en el momento y proyectarme hacia el futuro, que me parecía más importante y acuciante que el presente. Al no ser consciente de mi actitud y mi relación con mi experiencia, estaba exteriorizando inconscientemente impulsos o emociones operaban bajo la superficie de mi consciencia. Y cuanto más seguía sin prestar atención a mi experiencia directa, más se iba convirtiendo en un hábito mi patrón de conducir con impaciencia, más se transformaba en mi respuesta por defecto.

Al observar la forma en que mis intenciones y actitudes no eran acordes con mis intenciones más profundas o con las actitudes que deseaba llevar a mi experiencia y a mi vida, pude establecer el claro propósito de conducir cuidadosamente y de forma segura, con una actitud de amabilidad y aceptación. Esto me permitió «resetear» mi enfoque por defecto en cuanto a la conducción. Ahora, cuando me siento provocado por las acciones de otro conductor o por un embotellamiento inesperado, vuelvo a mis intenciones y regreso a las actitudes de amabilidad y aceptación que son coherentes con dichas intenciones.

SIETE ACTITUDES PROPIAS DEL MINDFULNESS

Jon Kabat-Zinn, en su libro clásico sobre las prácticas de reducción del estrés basadas en el mindfulness, *Full Catastrophe Living* («Vivir con plenitud las crisis»), destacó siete actitudes esenciales como la base para el cultivo de una conciencia propia del mindfulness (Kabat-Zinn, 1990). Estas siete cualidades proporcionan un buen punto de partida para explorar los enfoques específicos en cuanto a la manera de abordar este momento que nos conducen al bienestar y la felicidad:

- No juzgar es la cualidad de encontrarse con la experiencia con imparcialidad, sin evaluarla como buena o mala, correcta o incorrecta, mejor o peor.

- La paciencia es aquella actitud de permitir que las cosas se desplieguen y sean experimentadas a lo largo del tiempo en que están presentes; no hay que pretender apresurarlas ni perder la conexión con el momento presente.

- La mente de principiante es la disposición a recibir este momento con cierta curiosidad, como algo nuevo y nunca antes experimentado. Como dijo el maestro zen Suzuki Roshi: «En la mente del principiante hay muchas posibilidades; en la del experto hay pocas» (Suzuki, 1998, 21).

- La confianza consiste en respetar la propia autoridad, sabiduría interior y potencial para el crecimiento y el aprendizaje, así como en confiar en poder encontrar refugio en el momento presente y acoger la vida a medida que se despliega.

- El no esfuerzo se basa en cultivar una actitud de esfuerzo racional y equilibrado y en ver cómo uno pierde la conexión con el momento presente y consigo mismo cuando se proyecta hacia el futuro para llegar a algún lugar o conseguir algo.

- La aceptación consiste en estar abierto a este momento y experimentar las cosas tal como son, sin juicios, apegos o resistencias.

- Soltar es cultivar la actitud de estar abiertos a la experiencia, advertir cuándo nos estamos apegando a alguna y dejar de aferrarnos a ella.

La lista de cualidades de Kabat-Zinn es una elaboración muy útil de actitudes importantes que conviene desarrollar conscientemente en la práctica del mindfulness. Otras cualidades que podríamos añadir son la benevolencia, el humor, la tranquilidad y la determinación. De hecho, no hay ninguna lista correcta o completa de las cualidades que fomentan la presencia consciente, y tiene lugar una superposición significativa entre estas cualidades, que se complementan y refuerzan mutuamente. La clave de su valor radica en la eficacia con que nos ayudan a despertar de la inconsciencia y a encontrar una mayor paz y libertad en nuestras vidas. ¿Cuáles son las cualidades de la mente que mejor te permiten aceptar tu experiencia (estar presente, vivo y totalmente implicado)?

TRES CUALIDADES BÁSICAS QUE APOYAN EL MINDFULNESS

En mi propia práctica de la meditación y el mindfulness, así como en mi trabajo con otras personas, he encontrado tres cualidades o actitudes de la mente y el corazón que son esenciales:

- *La benevolencia* hacia uno mismo y su experiencia, así como hacia los demás.
- *La curiosidad* o interés en lo que se está experimentando en el momento.
- *La aceptación* de lo que está aconteciendo (lo hermoso y lo bueno, lo feo y lo malo).

Veamos cada una de estas cualidades: la forma en que contribuyen a la presencia consciente y cómo pueden ayudarte a trabajar con los hábitos no saludables.

La benevolencia

Puesto que muchos de nosotros somos propensos al autojuicio y la autocrítica, puede ser que tengas que fomentar y desarrollar tu benevolencia hacia ti mismo y tu experiencia.

Hace poco me encontré con una estudiante que destacó lo difícil que le resultaba ser benevolente consigo misma. Cada vez que lo intentaba, el pensamiento que le venía enseguida a la mente era: «¿Quién soy yo para merecer eso? No me lo he ganado». Si a ti también te ocurre que tiendes a juzgarte con dureza o sientes falta de autoestima, la práctica de recibir con benevolencia cualquier cosa que surja puede ayudarte a estar abierto a las duras voces de la autocrítica y ver su impermanencia. En capítulos posteriores vamos a ver habilidades que nos ayudan a investigar estas creencias profundamente arraigadas (capítulo 7) y a acoger nuestra experiencia con autocompasión (capítulo 9) para que podamos contar con un apoyo adicional a la hora de trabajar con el autojuicio y la autocrítica.

La benevolencia contrarresta directamente los patrones negativos de pensamiento. Por lo tanto, si mientras estás meditando surge un pensamiento de autojuicio («Soy muy perezoso, distraído, crítico»), puedes etiquetar ese pensamiento como «juicio» y acogerlo con tanta benevolencia y autocompasión como te sea posible (tal vez puedes ponerte la mano sobre el corazón y decir «perdón» o «paz»).

Si eres capaz de recibir continuamente tus hábitos de autojuicio y crítica con benevolencia que no considera que sea incorrecto tener pensamientos y juicios, sino que los reconoce como movimientos condicionados e impersonales de la mente, sus duros bordes comenzarán a ablandarse y disolverse.

Al llevar la benevolencia a tu experiencia, se abrirá un espacio en tu corazón, lo que te permitirá acoger también con compasión el sufrimiento de los demás. Naomi Shihab Nye lo expresa así en su poema «La benevolencia» (Shihab Nye, 1995, 42):

[...] Antes de que puedas conocer la dulce
gravedad de la benevolencia
debes viajar allí donde el indio con un poncho blanco
yace muerto al lado del camino.
Debes ver que ese hombre podrías ser tú mismo:
él también era alguien que viajaba de noche con planes
y el mero aliento que lo mantenía con vida [...].

A menos que practiques la benevolencia hacia ti mismo, el mindfulness puede reforzar el sentimiento de que eres una persona imperfecta, y seguirás tratando de eliminar o cambiar las partes «malas» de ti mismo. Cambiar tu hábito pasará a ser un proyecto de automejora. Gracias a la benevolencia, la presencia consciente te ayudará a estar abierto a la plenitud de tu propia humanidad y a tomarte tus experiencias de forma menos personal.

Esto te dará la oportunidad de perdonarte cuando caigas en los viejos hábitos o no des la talla con tus objetivos y te permitirá empezar de nuevo (regresar a tu intención de cambiar tus hábitos) sin la carga de la culpa y la autorrecriminación.

La curiosidad

La curiosidad es la cualidad de estar interesado en lo que está ocurriendo. Surge de forma natural como fruto de prestar atención a la propia experiencia sin una actitud crítica, y también es una cualidad que se puede cultivar conscientemente.

La curiosidad es un antídoto al aburrimiento. Cuando estás aburrido, esto significa que has perdido el contacto con la experiencia directa y te has creído una historia que te cuenta la mente, del estilo: «Esto no es interesante; ojalá estuviese haciendo otra cosa». En lugar de creerte la historia que te cuenta la mente acerca de que este momento debería ser diferente, puedes investigar los sentimientos que están presentes. Deja que se vaya el pensamiento de que lo que está sucediendo es aburrido y observa lo que sucede cuando prestas una adecuada atención a tus emociones y sensaciones corporales.

Como dijo el psicólogo Fritz Perls: «El aburrimiento es falta de atención» (citado en Goldstein, 1993, 80). Los meditadores a veces se sienten aburridos cuando están centrados en la respiración durante la meditación, pero cuando prestan mayor atención (cuando perciben las diferencias sutiles entre las distintas sensaciones que experimentan en las fosas nasales o el torso, o la sensación de alivio que puede ocasionar una exhalación profunda), pueden encontrar que la respiración es mucho más interesante. De la misma manera, todo aquello que parece monótono o banal puede revelar profundidades ocultas cuando ponemos el foco de la atención en ello. El escritor Henry Miller describió este cambio de actitud: «En el momento en que uno presta mucha atención a algo, aunque sea una brizna de hierba, ese algo se convierte en un mundo misterioso, asombroso, indescriptiblemente maravilloso» (citado en Chang, 2006, 67). El mindfulness y la investigación son las primeras dos cualidades de las siete que el Buda enseñó como los «factores del despertar» —unas cualidades que conducen a la libertad o la iluminación—. Las otras cinco cualidades son la energía, la alegría, la tranquilidad, la concentración y la ecuanimidad.

Trata de traer la curiosidad a tu experiencia ahora. Lleva toda tu atención a tres respiraciones y percibe con interés todas las sensaciones que se presenten: serenidad, tensión, alivio, expansión...

Otra práctica sencilla es abrir una mano y mirar la palma durante un minuto. ¿Qué percibes cuando la observas atentamente? ¿Líneas, colores, texturas, contornos, pliegues, arrugas, venas? ¿Es más interesante examinar la palma de tu mano que el pensamiento o el concepto de mirarla?

La próxima vez que estés experimentando una emoción difícil, prueba a sentir la misma curiosidad por la forma en que te sientes. En lugar de verte arrastrado por la emoción, examina las fuertes energías que están presentes. ¿Cómo se manifiestan en tu cuerpo? ¿Como opresión, tensión, calor o sofocos? ¿Fluyen y refluyen lentamente, como la marea, o rompen sucesivamente en la orilla, como las olas? ¿Se hacen más fuertes o más débiles, o permanecen más o menos iguales? ¿Cambian, se transforman en otras emociones?

Familiarizarse con las sensaciones y emociones incómodas o desagradables es una habilidad clave a la hora de superar los hábitos no saludables. Llevar la atención a la experiencia cambia la relación con ella. Por ejemplo, después de que Roy, a quien conociste en el capítulo 1, intentara llevar la curiosidad a su hábito de comer dulces, explicó lo siguiente:

—La intensa atención que presté, las primeras noches, a mis atracones de azúcar y carbohidratos fue increíblemente fructífera. Hay una lección para mí ahí, una lección que he aprendido antes y que probablemente tendré que aprender de nuevo: cuando desees acabar con una adicción o cambiar un hábito, estúdialo primero con cierta intensidad. Lleva tu concentración a tu resistencia, no tengas miedo, ten el mismo desapego que un naturalista cuando estudia un animal y permanece con ese hábito o adicción el tiempo suficiente hasta obtener cierta comprensión. Parece tan obvio ahora..., pero al principio es como una especie de revelación y algo difícil de hacer.

La aceptación

La aceptación de la experiencia es un aspecto básico del mindfulness. No se puede practicar el mindfulness y no aceptar la propia experiencia, estar en conflicto con ella. Y para que la aceptación sea liberadora debe ser auténtica y sincera; no puede ser condicional o parcial. La maestra de meditación Tara Brach denominó a esta actitud «aceptación radical» (Brach, 2003). Si tu pensamiento es: «Voy a aceptar este dolor con tal de que desaparezca en los próximos minutos», tu actitud es más de negociación que de aceptación. Cuando se negocia, la atención está puesta en un resultado futuro (en este caso, al final del dolor) en lugar de estarlo en la experiencia tal como es. Pero el hecho de enfocarnos en cuándo va a acabar el dolor nos saca del momento presente. Por lo tanto, si te das cuenta de que tu aceptación es parcial o condicional, ábrete a tu resistencia, acógela con benevolencia y establece la intención de admitir cualesquiera sensaciones, emociones o pensamientos que surjan con total aceptación.

Para darte un ejemplo de aceptación, digamos que estás meditando y tienes el pensamiento: «Va a suceder algo terrible». No tienes que creerte este pensamiento, pero tampoco tienes que tratar de librarte de él. Puedes simplemente aceptar que está ahí y recibirlo con interés y benevolencia. Puedes analizarlo por medio de preguntarte: «¿Es realmente cierto este pensamiento?» o «¿Me resulta útil este pensamiento en este momento?». También puedes, simplemente, observarlo y soltarlo, y regresar a la conciencia de la respiración o del cuerpo.

A mediados de la década de los noventa participé en un retiro de meditación, en que debíamos estar en silencio, en un templo Thai de la India, que se halla a pocos pasos del lugar en que se iluminó el Buda. Practiqué la meditación sentado y caminando durante cinco o seis días, y mi sentimiento predominante durante ese tiempo fue que tenía que «llegar a alguna parte». Había algo que tenía que ver y saber que no estaba viendo ni sabiendo (y una vez que «diese» con lo que se me estaba escapando iba a experimentar una libertad profunda).

En algún momento alrededor del sexto día solté la búsqueda (o, más exactamente, la intensa búsqueda se desvaneció). Lo que quedó fue una experiencia de profunda paz y serenidad. No había «llegado» a ninguna parte, pero el hecho de dejar de luchar por estar en algún lugar distinto de aquel en el que estaba me trajo felicidad y paz interior. El maestro budista tibetano Chögyam Trungpa lo expresó de esta manera: «No hay necesidad de luchar para ser libre; el final de la lucha es, en sí mismo, la libertad» (Trungpa, 1999, 46-47).

Cuando se traen estas tres actitudes de la conciencia a la experiencia (la benevolencia, la curiosidad y la aceptación), se crean las condiciones para transformar los patrones establecidos de pensamiento y comportamiento.

TRAER LAS ACTITUDES DEL MINDFULNESS
A LOS HÁBITOS NO DESEADOS

Como se vio brevemente en el capítulo 2, distintos tipos de hábitos tienen distintas emociones asociadas a ellos, pero todos se pueden cambiar cuando los abordamos con benevolencia, interés y aceptación. Antes he destacado cuatro categorías principales de hábitos: de deseo, de distracción, de resistencia y de acción. Estas categorías incluyen muchos de los comportamientos más habituales que las personas pretenden cambiar.

Los hábitos de deseo

Los hábitos de querer, de ansiar o de ser adicto tienen la energía y el «sabor emocional» de acudir a algo que se desea. El cuerpo y la mente se centran en el objeto (una bebida, una droga, la comida, los cigarrillos, el sexo o cualquier otro objeto de deseo) y la sensación de bienestar y felicidad depende de que se obtenga lo que se anhela. Trabajar desde el mindfulness con los hábitos de deseo significa estar totalmente abierto a la sensación de deseo cuando se manifiesta (en el cuerpo, las emociones y la mente). Si hay algo que desencadena el ansia, puedes permanecer abierto a las sensaciones, sentimientos y emociones que experimentes; puedes admitir y recibir todo eso con benevolencia, interés y aceptación. Si surge un pensamiento como: «Me voy a sentir mejor si enciendo un cigarrillo», «si echo un trago», «si me como esa pizca», recibe dicho pensamiento con benevolencia. Elige reconocer lo que está sucediendo en tu cuerpo y en tus emociones sin actuar a partir de ello. Cuando aprendas a reconocer y permitir las sensaciones y emociones incómodas, desagradables o difíciles, podrás debilitar el poder que el deseo tiene sobre ti. Pasarás a estar menos identificado con el hábito («Soy un bebedor, un fumador, un comedor compulsivo») y los anhelos y hábitos serán menos «yo» o «míos».

Los hábitos de distracción

Con los hábitos de distracción (tales como comprobar el teléfono a cada rato o pasar mucho tiempo en las redes sociales o viendo la televisión) el desafío inicial puede ser saber que tu atención se ha desviado y que has perdido el contacto con tus planes e intenciones.

Cuando te des cuenta de que tu atención se ha desplazado a un hábito indeseado o no saludable (o si puedes darte cuenta antes de que esto ocurra), presta especial atención a tu experiencia corporal y a tus emociones. ¿Hay alguna sensación corporal molesta de la que desees escapar (tal vez algún tipo de tensión o agitación)? Permanece con estas sensaciones y emociones, y a continuación hazte esta pregunta: «¿Qué voy a experimentar si no acudo a mi hábito?». Tal vez la respuesta es una sensación de agobio, entumecimiento o inquietud. Atiende la experiencia con una atención benevolente, curiosa y aceptadora. Observa cómo, cuando se acogen de esta manera, las sensaciones vienen y se van por sí mismas.

Puedes abordar las emociones como el miedo, la ansiedad y la ira con la misma actitud receptiva. Y cuando surjan los pensamientos de alejarte de lo que experimentas como desagradable para acudir a la satisfacción inmediata, reflexiona sobre lo que más te importa. ¿Vas a ser más feliz con una sensación de alivio temporal que refuerce el hábito no saludable? ¿O deseas avanzar hacia un mayor bienestar, salud y paz? A continuación, opta por quedarte con lo que está presente, en lugar de actuar mecánicamente o según tu hábito.

Los hábitos de resistencia

Los llamados hábitos de resistencia, los cuales se manifiestan como frustración, fastidio, impaciencia, ira, juicio y estados mentales y emociones similares, tienden a tener otro «sabor emocional». Uno se siente como si estuviera defendiéndose, resistiéndose a una amenaza o protegiéndose de algo que le podría hacer daño. A menudo se siente opresión, tensión, contracción, agitación, ardor u otras sensaciones de «lucha o huida». Los pensamientos o creencias que acompañan a estas sensaciones pueden instar a la persona a comportarse de una manera que ponga fin a esa situación o experiencia desagradable. Piensa en cuando te sientes impaciente en una tienda cuando otro cliente parece estar tardando «demasiado tiempo» en finalizar una compra, o cuando vas tarde y te encuentras atrapado en el tráfico. Por lo general, sentirás tensión en ciertos músculos (a menudo en el pecho, o en el vientre, o en la cara) relacionados con pensamientos como: «Esta persona/situación/experiencia no debería ser así; tengo que hacer algo para cambiar esto» o «Tengo que resolver este problema».

Puedes afrontar los hábitos de resistencia de la misma manera que respondes a los hábitos de deseo y distracción: volviendo a traer la atención a lo que estás experimentando en este momento, y después atendiendo lo que está aquí con una conciencia benevolente, curiosa y aceptadora. Llevar la conciencia a la respiración te ayudará a aliviar las sensaciones de tirantez y tensión. Si te pones la mano sobre el corazón, esto puede ayudarte a regresar a la conciencia del cuerpo y a mitigar los pensamientos de tener que hacer algo. Si te mandas un deseo de paz y bienestar a ti mismo, tal vez susurrándote: «Que me sienta en paz», podrás crear una sensación de espacio interior que te permitirá acoger las experiencias y sensaciones difíciles. También en este caso la práctica es llevar una actitud de benevolencia, curiosidad y aceptación a lo que está presente (elegir quedarte con tu experiencia directa en lugar de caer en tu hábito). El maestro budista tibetano Yongey Mingyur Rinpoche dejó claro cuál es la elección: «En última instancia, la felicidad se reduce a elegir entre la incomodidad de tomar conciencia de las aflicciones mentales y la incomodidad de vernos gobernados por ellas» (Yongey Mingyur, 2007, 250).

Los hábitos de acción

Los hábitos de acción implican normalmente sentirse como si se estuviera siempre camino a alguna parte, como si algo malo fuera a pasar si no permaneciéramos moviéndonos y acometiendo tareas constantemente. Acaso pensemos: «Todo estará bien si puedo realizar la siguiente tarea». Quizá nos sintamos frenéticos, agitados, exaltados o estresados.

Puedes responder a estos hábitos con la misma conciencia benevolente, curiosa y aceptadora de la que hemos estado hablando. Empieza por volver a lo que estás sintiendo ahora (en el terreno físico, emocional y mental). Invítate a experimentar todas las sensaciones y emociones asociadas con esa energía frenética sin identificarte con ella. La práctica del mindfulness te ayudará a evitar verte arrastrado por la historia de que «Tengo que hacer esto o todo se vendrá abajo».

Estos cuatro tipos de hábitos no son mutuamente excluyentes. El anhelo de algo que crees que te va a hacer sentir bien, como comer algo dulce, se ve acompañado a menudo por el deseo de evitar una sensación desagradable (por ejemplo, alguna tensión, preocupación, agobio o entumecimiento). Del mismo modo, cuando desconectas del momento presente por medio de pasar mucho tiempo en Internet, con frecuencia existe una sensación de malestar, ansiedad o tensión de la que estás tratando de escapar, inconscientemente. Con cada uno de estos tipos de hábito, el remedio es siempre el mismo: volver a la experiencia del momento presente y acogerla con interés, benevolencia y aceptación.

PRÁCTICA 5: meditación sobre la actitud

Esta es una meditación que requiere que seas consciente de las actitudes con que estás afrontando tu experiencia. Implica que te preguntes: «¿Estoy abordando este momento de una manera acogedora, o con resistencias o juicios?». Es una práctica que puedes incorporar a tu meditación formal, y también puedes realizarla en distintos momentos de la vida diaria.

Siéntate cómodamente y permítete relajarte. Cierra los ojos y haz que tu atención descanse en tu cuerpo. Realiza algunas respiraciones completas, y en cada exhalación permítete liberar cualquier tensión que puedas estar albergando. Invita a tu cuerpo a relajarse; lleva lentamente la atención hacia la parte inferior y hacia la parte superior, e invita a que se ablande cualquier zona en la que haya tensión.

Durante quince minutos, o hasta el final de tu tiempo de meditación, ábrete a cualquier cosa que experimentes, con actitud de aceptación y no juicio. Permanece relajadamente atento a la respiración si esto te ayuda a estar centrado.

Para ayudarte a llevar la conciencia a tu experiencia del momento y a cultivar la benevolencia, el interés y la aceptación (las actitudes que favorecen el bienestar y la felicidad), trae periódicamente la conciencia a tu experiencia y advierte cuál es tu actitud en ese momento. ¿Tienes la sensación de estar yendo hacia alguna parte? ¿Te estás tensando o defendiendo contra algo? ¿Te estás resistiendo a tu experiencia? ¿Te estás relacionando con este momento de forma amable y benevolente? ¿Estás experimentando la cualidad de dar la bienvenida a lo que está presente o de permitir que esté aquí? ¿O tienes la actitud de alejarte de la experiencia presente? Si tu actitud es de resistencia, apego o juicio, evoca de manera consciente una actitud de benevolencia hacia ti mismo y tu experiencia. Puedes ponerte la mano sobre el corazón y desearte el bien: «Que pueda estar en paz..., que pueda ser feliz». Invita a que la actitud de mostrar interés acuda a tu experiencia: «¿De qué soy consciente? ¿Cómo lo siento?». Afirma conscientemente lo que sea que estés experimentando, por medio de aceptar lo que esté presente, acogerlo y permitir que sea tal como es.

Dibuja una media sonrisa, relaja los músculos de las comisuras de la boca y los ojos y sonríe a cualquier cosa que surja, en actitud de acogida.

CULTIVAR ACTITUDES DE MINDFULNESS. RECAPITULACIÓN

El mindfulness implica prestar atención, pero de una determinada manera. La forma en que uno aborda su experiencia es un factor clave de esta práctica. Hay que llevar tres cualidades o actitudes a la práctica: la benevolencia, la curiosidad y la aceptación. Juntas, nos ayudan a estar presentes en la experiencia y a contrarrestar la tendencia a acudir por hábito a lo que nos gusta y resistirnos a lo que no nos gusta.

La benevolencia va a contrarrestar los patrones de pensamiento negativos o críticos y abrirá espacio para que puedas experimentar sensaciones, emociones y estados mentales difíciles. Cuando traes la curiosidad a tu experiencia, ya no te ves arrastrado por ella, o estás menos identificado con ella. Ser curioso te permitirá salir de la historia o el relato de tu mente y entrar en la experiencia directa. Y la aceptación te invitará a encontrarte con tu experiencia de todo corazón y sin resistirte a ella. Cuando aceptas totalmente tu experiencia, ya no te ves atrapado en ella o ya no permites que te defina.

Puedes llevar estas actitudes a distintos tipos de hábitos, incluidos los de deseo, resistencia, distracción y acción. Cada vez que llevas la atención a tu experiencia, tu relación con ella cambia. Cuando acojas tus comportamientos habituales con benevolencia, interés y aceptación, su dominio tenderá a debilitarse, lo cual te permitirá abandonar los hábitos no deseados o no saludables y cultivar otros más beneficiosos.

CAPÍTULO 6

APROVECHAR EL PODER DE LA ATENCIÓN

La facultad de traer de vuelta voluntariamente la atención errante una y otra vez es la raíz misma del juicio, el carácter y la voluntad [...] La educación que mejorase esta facultad sería la educación por excelencia.

WILLIAM JAMES,
The Principles of Psychology

Con los años, muchos de mis estudiantes han compartido que el mindfulness les ha ayudado a cambiar hábitos que tenían desde hacía mucho tiempo, y bastantes han afirmado que les salvó la vida.

La historia de Steve

Un fin de semana estaba dirigiendo un retiro de meditación en silencio cuando Steve, el gerente del retiro, me preguntó si podía decirme algo después del desayuno.

—Sé que no debería hablar, pero quiero compartir contigo lo que he descubierto hoy: ¡que está bien esto de estar quieto!

Me confesó que sintió una profunda sensación de alivio y bienestar al darse cuenta de que no había nada que temer en la quietud.

Conocí a Steve a finales de 2006. Se había puesto en contacto conmigo para que le asesorase personalmente en cuanto al mindfulness después de asistir a un taller de meditación de un día que yo había impartido. Se había jubilado recientemente después de veintisiete años de servicio como oficial en el ejército; había estado en Irak y en muchas otras zonas de conflicto. Se encontraba en el Pentágono, en la parte del anillo (la zona exterior del edificio, ocupada por altos funcionarios) que fue golpeada directamente por uno de los aviones secuestrados el 11 de septiembre de 2001, en el momento en que se produjo el atentado. Dos minutos antes de que la aeronave se estrellase había estado con el general, que murió cuando el avión entró en su oficina. Steve fue alcanzado por los escombros, perdió el conocimiento, volvió en sí y le ayudaron a salir del edificio a través del humo, las cenizas y el agua. Después de la tragedia, durante algunos años no quiso asistir a actos de homenaje u otros eventos relacionados con el ataque, ni quiso hablar de su experiencia.

Pero los patrones que llevaron el estrés y el trauma a la vida de Steve comenzaron mucho antes de los acontecimientos del 11 de septiembre. Había crecido en Nueva York, y el hecho de pertenecer a la clase obrera más su origen étnico le enseñaron a ser duro. Aprendió que mostrar los propios sentimientos no era un comportamiento varonil, y que incluso podía ser peligroso. Según él, la forma de sobrevivir y abrirse camino en el mundo era «aguantarse». Alistarse en el ejército constituyó para él una elección natural.

Steve hizo méritos en West Point y fue ascendido a capitán, mayor y después coronel, por delante de sus compañeros de clase. El ejército le enseñó a reprimir su miedo y a responder automáticamente bajo amenaza. Lo que los militares no le enseñaron nunca fue a sentir o expresar emociones.

Durante dos décadas, su carrera militar prosperó. Sus superiores confiaban en él, y era apreciado por quienes estaban bajo su mando. Pero su matrimonio se vino abajo y su relación con sus hijos se volvió distante. La presión para tapar sus sentimientos se intensificó. En la primera guerra de Irak (la Operación Tormenta del Desierto), Steve condujo por la «carretera de la muerte» de Kuwait a Irak y fue testigo de la carnicería.

—La única manera en que pude hacer frente a ese horror fue creer que eso era bueno, que tenía que suceder y que nuestros enemigos eran menos que humanos —dijo.

Cuando la presión aumentó, sobre todo tras el 11-S, se refugió en el alcohol y los medicamentos, que le proporcionaron un alivio temporal. Pudo abandonar el ejército con honores, pero cayó en la adicción. Durante un año y medio, se aisló antes de buscar ayuda en un programa de recuperación.

En los años que trabajamos juntos, Steve practicó abrirse a los sentimientos que había reprimido durante décadas. Descubrió que incluso las emociones más difíciles solamente duran un tiempo y que también era posible fluir con las sensaciones y emociones más intensas:

—Descubrí que podía permitirme sentir lo que estuviera sintiendo. A veces me parecía como si todo mi cuerpo fuera a estallar, pero aprendí que podía permanecer con ello. Realmente creo que esta práctica ha «recableado» mi cerebro. Puedo sentir dolor y estar con él de otra manera.

Compartió que lo que más le inspiró del mindfulness fue saber que el cambio es posible:

—Cuando empecé a practicar, no podía entrar en un ascensor o estar sentado en una habitación sin sentirme ansioso e inquieto; tenía ganas de salir corriendo. Ahora sé que, incluso cuando regresan los viejos hábitos y patrones, dispongo de las herramientas para permanecer con los sentimientos y ver que pasan. Sé que la paz y la quietud son posibles incluso en los tiempos difíciles.

En el momento de escribir estas líneas, Steve ha reconstruido una relación cálida y amorosa con sus hijos. Recientemente completó un programa de dos años de formación de profesores de meditación, en el que yo fui uno de los instructores, y está trabajando para obtener un doctorado en Psicología.

—A veces me olvido del mindfulness y me veo arrastrado de nuevo hacia los viejos hábitos —dice—, pero sé que siempre puedo regresar a la conciencia, a la quietud interior que he tocado, y que puedo empezar de nuevo.

Prestarle atención a la experiencia directa es un aspecto central del mindfulness. Según las enseñanzas budistas, el sufrimiento surge de no ver las cosas como realmente son. La liberación respecto del sufrimiento es el resultado de refugiarse en la realidad, en la verdad de cómo son las cosas, por medio de estar abiertos a la experiencia tal como es. En palabras del Buda: «En lo que se ve solo habrá lo que se ve; en lo que se oye, solo lo que se oye; en lo que se siente, solo lo que se siente; en lo imaginado, solo lo imaginado» (Kornfield, 1996, 67).

Para ilustrar esto, imagina que un amigo tuyo se cruza contigo por la calle y no te saluda. Si tienes el hábito de juzgarte con dureza y de creer que los demás tienen una mala opinión de ti, puede ser que interpretes la falta de reconocimiento de tu amigo como un desaire deliberado. Es posible que caigas en una espiral de pensamientos y juicios negativos sobre la antipatía de tu amigo o tu propia indignidad. Pero si puedes acoger estos pensamientos y juicios con benevolencia, solamente los verás como fenómenos que pasan. Si puedes estar abierto a las sensaciones o emociones corporales desagradables que estás experimentando como resultado del aparente desaire, serás capaz de ofrecerte compasión y desearte lo mejor. Puedes reflexionar con benevolencia acerca de tu amigo y considerar la posibilidad de que no te vio o de que estaba preocupado. Y si tal vez tu amigo te ha mandado un mensaje con su silencio, puedes comprometerte a tener una conversación con él sobre cualesquiera dificultades o malentendidos que haya en vuestra relación.

A medida que te ejercites en la atención por medio de concentrarte en un objeto en particular, como la respiración o los sonidos del entorno, podrás reforzar tu mindfulness. Con la práctica, serás más capaz de llevar esta atención benevolente, no crítica, a tus hábitos, tales como comer compulsivamente o entrar en las redes sociales cuando estás aburrido.

PRESTAR ATENCIÓN ANTES, DURANTE Y DESPUÉS

Puedes trabajar en deshacer un hábito no saludable por medio de ejercer la conciencia del aquí y ahora en tres momentos distintos: antes de que surja el impulso de manifestar el hábito, durante el impulso de actuar según el hábito y después de que el impulso de caer en el hábito se ha calmado (o después de que has consentido actuar según el hábito).

- ANTES: puedes indagar qué es lo que te lleva a sucumbir al hábito y tomar decisiones que pueden ayudarte a evitar hacerlo.

- DURANTE: puedes prestar atención y optar por permanecer abierto al impulso, el deseo o el sentimiento difícil que normalmente motiva que te comportes según el hábito; céntrate suavemente en esa sensación y permite que surja y desaparezca en lugar de manifestar el hábito.

- DESPUÉS: si has actuado según el hábito, puedes, conscientemente, otorgarte benevolencia y perdón. Si te juzgas de forma negativa o sueles ser muy duro contigo mismo, lo que hará esto será complicar el hábito no saludable.

PRÁCTICA 6: conciencia de los hábitos (antes, durante y después)

A continuación, siguen algunos ejemplos de maneras en que puedes trabajar para cambiar un hábito en estos tres momentos.

ANTES: hazte consciente del hábito que quieres cambiar y piensa en las situaciones que lo desencadenan. ¿Hay alguna medida que puedas tomar para evitar reproducir el hábito? ¿Por qué alternativa más saludable podrías optar? Por ejemplo:

- Si, cuando estás en casa, a menudo picoteas dulces cuando te sientes ansioso, dubitativo, confuso o solo, asegúrate de que no haya estos alimentos en la casa. Compra otros más sanos, como frutos secos o fruta, para tenerlos a mano cuando desees picar algo.

- Si sueles beber más alcohol del que es conveniente para ti cuando te juntas con un amigo en particular, proponle que os encontréis para dar un paseo o tomar un café en vez de hacerlo para ir de copas.

- Si tienes el hábito de «dejarlo para otro momento» cuando piensas en trabajar en un proyecto importante, comprométete contigo mismo a trabajar en él durante un tiempo limitado cada día (por ejemplo, entre quince y treinta minutos dos veces al día).

- Si a menudo te encuentras conduciendo con agresividad o impaciencia porque tienes que estar en el trabajo o llegar a una cita a tiempo, planea (si es posible) añadir un «colchón» de diez o quince minutos a tu tiempo de viaje y comprométete a conducir de forma consciente y relajada en el momento de sentarte al volante.

Una vez que has tomado conciencia de la comezón del hábito y has advertido cómo y cuándo suele aparecer, puedes tomar medidas para evitar que se presente. Y puedes estar preparado con respuestas alternativas, más positivas, si hace acto de presencia.

DURANTE: presta atención al contexto o entorno en que se muestra normalmente el impulso del hábito: el lugar, el momento, las personas, lo que estás viendo, lo que estás escuchando y lo que estás oliendo. Por ejemplo, tal vez encuentras irresistible el olor de los bollos dulces y pegajosos que hay en un centro comercial o en un aeropuerto y te ves comprándolos y comiéndolos, sin haber tomado la decisión de forma consciente. Si es este tu caso, cada vez que estés en un centro comercial o en un aeropuerto, presta mucha atención a lo que estás experimentando. La primera vez que te des cuenta de que ansías un bollo, haz algunas respiraciones profundas y lleva la conciencia a tu experiencia interna. Tal vez tu estómago está apretado o tu boca está ensalivando. Toma la decisión consciente de estar atento a tu experiencia directa, en lugar de actuar a partir del deseo.

Presta mucha atención a tus sensaciones corporales y date cuenta de que ninguna de las sensaciones o emociones permanece ahí durante mucho tiempo. Sé consciente de cómo las sensaciones van y vienen; tal vez se vuelven más intensas, o se apaciguan, o se desdibujan durante un tiempo, y después reaparecen. Ponles nombre, si esto te ayuda: «tirantez», «falta de aire», «presión», «calor», «corazón acelerado»... Puedes visualizarlas como olas que suben y bajan.

Si tomas conciencia de que has estado tapando con la comida una emoción fuerte, como la ansiedad, nómbrala y permanece abierto a tus sensaciones corporales y emociones, y presta atención a los pensamientos e impulsos asociados. A continuación, con benevolencia, deja que esos pensamientos e impulsos se vayan. Recuerda tu intención más profunda y conecta con ella (por ejemplo, vivir una vida consciente y saludable) y reflexiona sobre cómo permanecer con tu experiencia directa y recibirla con solicitud y benevolencia es coherente con tus valores e intenciones. Si tienes ganas de comer, elige algo saludable. Y, si es posible, prepara con antelación una alternativa más inocua para la próxima vez que sientas el ansia.

Después: si has logrado resistirte al impulso de manifestar el hábito, permítete sentir lo que venga. Tal vez se trata de una sensación de alivio o liberación, de un sentimiento de gratitud por el hecho de haber podido responder conscientemente o de una sensación de optimismo debido a que el cambio es posible. Asume estos sentimientos y sensaciones. Aprecia cualquier sensación corporal, emoción o pensamiento positivo que se presente; disfrútalo. Si surgen sentimientos negativos o neutros, recíbelos también con solicitud y benevolencia.

Si no pudiste resistir el impulso de manifestar el hábito, acoge cualquier sentimiento que surja con benevolencia. Si el autojuicio o la autocrítica hacen acto de presencia, recibe estas emociones y pensamientos con solicitud y compasión. Si lo que surge es frustración o pesimismo, recibe también esto de forma amistosa. Puedes ponerte la mano sobre el corazón y decir: «Me preocupo por este sufrimiento» o «Perdón».

Para aprender de esta experiencia, piensa en las condiciones que te llevaron a actuar a partir de tu impulso y explora si hubo un momento en el que pudiste haber decidido algo diferente. ¿Sufriste un lapso de conciencia? ¿Tuvo lugar algún cambio en la situación o llegó una emoción fuerte que te llevó a ceder al impulso de manifestar el hábito? ¿Parecía demasiado fuerte el deseo como para poder resistirte a él?

¿Qué podría haberte ayudado a tomar una decisión que fuera más coherente con tus valores e intenciones más profundos? Vuelve a tomar conciencia de qué es lo que más te importa y de cómo el hecho de trabajar para abandonar este hábito no saludable o no deseado es coherente con tus intenciones más profundas. Recuerda que puedes empezar de nuevo en cualquier momento y opta por hacerlo.

EL HÁBITO DEL AQUÍ Y AHORA

Roy (que, tal y como te conté en el capítulo 1, adoraba comer alimentos dulces) llevó a cabo la práctica de prestar atención a su experiencia antes, durante y después de sus antojos.

La historia de Roy (continuación)

Conocedor de la tentación que le hacía pasar caminando por delante de la tienda que vendía paquetes de deliciosas galletas, Roy optó, a veces, por otra ruta para volver a casa:

—Algunas noches, elijo entrar al supermercado y comprar zanahorias y humus como alternativa a las galletas —dijo—. Pero otras noches aún me doy un atracón.

También le resultó útil ver su antojo en el contexto más amplio de su vida:

—Nunca antes pensé con tanta frecuencia en cosas como estas: «¿Está equilibrado mi horario semanal? ¿Contiene lo correcto? ¿Es adecuada la mezcla? ¿A quién estoy viendo demasiado? ¿A quién demasiado poco?». E intento, a diario, meditar durante cuarenta y cinco minutos, hacer algo de ejercicio que me haga sudar, practicar un poco de yoga, hacer algo fuera del trabajo con alguna persona o algún grupo que sea una buena compañía, leer y escuchar algo bueno, buscar maneras de centrarme en los demás y, posiblemente, ayudar a alguien. No me preocupa mucho si no puedo atender todo esto. Si puedo realizar la mayor parte de estas actividades la mayor parte del tiempo y no descuidar del todo ninguna de ellas, estoy bien.

Como señalé anteriormente, Roy optó por centrarse mucho en la experiencia directa de sus antojos cuando se sentía impulsado a darse atracones de dulces por la noche. Una de las estrategias que encontró más útiles fue la de sustituir los dulces por algo saludable (o, al menos, más saludable):

—Estoy prescindiendo de los helados casi todos los días. A veces no los sustituyo por nada, a veces por la meditación o el yoga, a veces por algo menos perjudicial que medio litro completo de helado con alto contenido en grasas pero aun así bastante horrible, como una bolsa de bombones de chocolate. Con los cigarrillos y el alcohol no podía hacer otra cosa que prescindir de ellos y trabajar para sustituirlos por alguna otra cosa. Con los atracones de dulces, si bien no puedo sustituirlos totalmente por algo distinto, busco algo menos dañino y disfruto de ello mientras trato de ser amable conmigo mismo.

Cada vez que Roy sucumbía a un antojo, afrontaba su desliz con benevolencia:

—Ahora soy capaz de fluir más fácilmente y con mayor frecuencia con la actitud de autoflagelación con cierto desprendimiento. Hasta cierto punto, soy más cordial y cariñoso conmigo mismo.

Reconoció que poner mayor atención a su deseo de dulces, y vivir de forma más consciente y saludable, es un viaje más que un destino. El apoyo de sus amigos, una mayor conciencia de su agenda y su dieta y la práctica diaria de la meditación y el yoga eran todo ello factores que le ayudaban a tener una mayor conciencia:

—He perdido más de dos kilos y he ganado un agujero en el cinturón. Algunas noches siguen dándome guerra, pero lo afronto con mayor ligereza, humor y ecuanimidad.

LAS DOS FORMAS DE AUTOCONCIENCIA

En la última década, los neurocientíficos han descubierto que la práctica del mindfulness cambia la estructura y el funcionamiento del cerebro. Entre los estudios más interesantes y relevantes para la comprensión del papel del mindfulness en el cambio de hábitos hay uno llevado a cabo en 2007 por Norman Farb y colaboradores.

Utilizando imágenes por resonancia magnética funcional, Farb y sus colegas estudiaron la actividad cerebral de un grupo de participantes que eran nuevos en la práctica del mindfulness y la compararon con la actividad cerebral de un grupo de participantes que habían asistido a un curso de mindfulness de ocho semanas. Los investigadores encontraron dos formas distintas de autoconciencia: un enfoque narrativo (que según aseguraron era el modo por defecto de la red neuronal), que estaba asociado con las cavilaciones, la autorreferencia, la divagación mental y los sentimientos más bien negativos, y un enfoque experiencial, con el cual se veían las experiencias del momento como eventos transitorios, y que estaba asociado con sentimientos más bien positivos. Los participantes que habían sido entrenados en el mindfulness eran más capaces de acceder a la modalidad experiencial y de salir de la narrativa (Farb *et al.*, 2007).

Este y otros estudios (por ejemplo, Mason *et al.*, 2007) apuntan a dos maneras diferentes de ser consciente de la experiencia. En estado de reposo, si no estamos prestando atención a la experiencia directa, nos hallamos en la modalidad narrativa, en la cual nos comparamos con los demás, pensamos en el pasado o en el futuro y, por lo general, cavilamos. Pero si podemos tomar conciencia de lo que está presente, estaremos menos sujetos a los vagabundeos de la mente y las cavilaciones, y la experiencial se convertirá en la modalidad por defecto.

Farb y sus colegas sugieren que la modalidad experiencial, centrada en el presente, pudo haber sido la modalidad original de autoconciencia de nuestros antepasados y que la modalidad narrativa de la autorreferencia puede constituir «una modalidad de procesamiento de la información sobreaprendida que se convirtió en automática a través de la práctica» (Farb *et al.*, 2007, 319). Existe, pues, la posibilidad de considerar que la modalidad narrativa de la autoconciencia es un aspecto negativo de la capacidad que tienen los humanos modernos de procesar la información e imaginar posibilidades futuras.

Los estudios sobre la modalidad por defecto del cerebro humano son importantes para entender el papel del mindfulness en la transformación de los hábitos no deseados. Apuntan a las formas en que esta práctica nos puede ayudar a superar los hábitos de la cavilación y la divagación mental, los cuales pueden estimular comportamientos y patrones de pensamiento no saludables. El hecho de entrenarnos en prestar atención al momento presente puede liberarnos del sufrimiento derivado de estar perdidos en el pensamiento discursivo y abrirnos a la libertad que está aquí en cada momento.

EL ARTE DE PRESTAR ATENCIÓN

En la meditación, hay muchos objetos de atención diferentes, o «anclas», que podemos utilizar para agudizar el enfoque y hacer la concentración más profunda. Por ejemplo, se puede emplear:

- Un mantra (una palabra o frase en que nos concentramos y a la que regresamos).
- Un objeto externo (puede ser, por ejemplo, una vela, sonidos o imágenes).
- Una sensación corporal.

- Una visualización o imagen mental.
- Un *koan* (una pregunta paradójica típica del budismo zen; por ejemplo: «¿Cuál es el sonido de una sola mano aplaudiendo?»).
- Una pregunta filosófica, como: «¿Quién soy yo?».

En la meditación mindfulness, el objeto de atención es normalmente un aspecto de la experiencia directa: la respiración, las sensaciones corporales, los sonidos del entorno o el movimiento del cuerpo (en la meditación caminando).

Si eres como la mayor parte de las personas, dada la tendencia de la mente a deambular y quedar atrapada en el contenido de los pensamientos y las emociones, es importante que entrenes tu mente en *enfocar la atención* por medio de concentrarte en un solo elemento, como la respiración. De esta manera, aprenderás a profundizar en tu capacidad de mantener la concentración y regresar a tu objeto de meditación cuando tu atención se haya distraído.

En el mindfulness y otras formas de meditación, uno de los objetos más habituales de atención es la respiración. La respiración puede constituir un objeto de atención excelente, por varias razones:

- Está siempre disponible (mientras estés vivo, no dejarás de respirar).
- Es relativamente neutra (las personas no tienden a sentirse demasiado bien o demasiado mal en relación con su respiración).
- Es un buen barómetro del nivel general de estrés o relajación del individuo: la respiración tiende a ser

corta y tensa cuando se está sometido a estrés y más completa y profunda cuando se está relajado.

- Centrarse en la respiración tiene a menudo un efecto calmante.

Practicar el mindfulness de la respiración es relativamente sencillo: consiste en ser consciente de la experiencia de la respiración. Las instrucciones del Buda con respecto a este tipo de práctica comienzan así: «Atento inhala, atento exhala. [...] Al hacer una inhalación larga, él sabe: "Estoy haciendo una inhalación larga" [...] al hacer una inhalación corta, él sabe: "Estoy haciendo una inhalación corta"» (Anālayo, 2003, 126).

El reto es que pongas la atención en la respiración más que en cualquier cosa que pueda parecerte más convincente (el recuerdo de una discusión que tuviste hace poco, la lista de las tareas del día, las imágenes de una película que viste recientemente o las fantasías acerca de una nueva relación o un trabajo emocionante). Por lo tanto, la práctica del mindfulness de la respiración consiste en lo siguiente:

- *Enfocarte* en el objeto de atención: tu respiración.
- *Sostener* la atención en la respiración frente a otras experiencias (internas o externas) que compiten por tu atención.
- *Observar* dónde está tu atención y advertir cuándo se ha desviado.
- *Retirar* la atención de los pensamientos cuando te hagas consciente de haber quedado atrapado en ellos.
- *Redirigir* la atención a tu respiración sin juzgarte.

Este último punto es clave. Durante la práctica del mindfulness de la respiración, es importante que abordes cualquier «desliz» de la atención con benevolencia y sin juzgarte, reconociendo que crear pensamientos de distracción es lo que hace la mente. Piensa en tu mente como en un cachorro inquieto. A un cachorro le encanta corretear, pero puedes adiestrarlo (con benevolencia y diligencia) para que se siente y responda a tus instrucciones.

Al igual que ocurre con el adiestramiento de un cachorro, ni la dureza ni la laxitud son eficaces para entrenar la mente. En lugar de ver la divagación de la mente como un problema, trata de celebrar el hecho de que puedes despertar de tus planes, recuerdos o ensoñaciones y experimentar este momento de vigilia. Después, regresa a la respiración (a la entrada y salida del aire) una y otra vez. Aprender a permanecer con la respiración u otro objeto de meditación reforzará tu capacidad de estar abierto a las experiencias difíciles, incluidos los impulsos fuertes, los antojos y las emociones desafiantes. A menos que practiques abrirte a las emociones fuertes, los estados de ánimo enérgicos o las sensaciones corporales incómodas, reproducirás los patrones de tus hábitos una y otra vez.

Para sostener la concentración en la respiración, puede ser útil que te abras a las sensaciones que esta te produce en el cuerpo y que percibas dónde sientes que estas sensaciones son más relajantes para ti. Ese lugar pueden ser las fosas nasales, donde el frescor del aire que entra tal vez te dé una sensación de bienestar, o el pecho o el vientre, donde la exhalación quizá te aporte una sensación de tranquilidad. Haz de esto la «base» a la que puedes volver cada vez que te das cuenta de que tu atención se ha desviado.

Si tu mente está demasiado activa y te resulta difícil concentrarte en la respiración, prueba a contar las respiraciones. Un método consiste en contar «uno» con cada exhalación, hasta llegar a diez, y a continuación comenzar de nuevo desde uno. En cualquier momento en que tu mente se distraiga con pensamientos, o en que pierdas la cuenta, regresa al uno.

¿CÓMO PUEDE EL ARTE DE PRESTAR ATENCIÓN AYUDARTE A CAMBIAR LOS HÁBITOS INÚTILES?

Cuando aprendas a prestar mayor atención a tu experiencia a través de la práctica del mindfulness, empezarás a ver cómo las señales y los desencadenantes del entorno o de la mente y el cuerpo te llevan a caer en hábitos de comportamiento. Por ejemplo, tal vez es la soledad lo que te conduce a fumarte un cigarrillo a menudo, inconscientemente. Al traer ahí tu conciencia, en lugar de fumarte un cigarrillo puedes limitarte a observar ese sentimiento de soledad, hasta que pase. Si permaneces abierto a las experiencias, tales como los sentimientos de soledad, que acostumbran a desencadenar el impulso del hábito, puedes llevar a cabo elecciones que sean más coherentes con tus valores y objetivos.

Un amigo y colega mío hizo hincapié en la importancia de la práctica para obtener beneficios del mindfulness:

—Si hay algo en lo que insisto una y otra vez es en el hecho de que [el mindfulness] es una práctica, un compromiso a largo plazo que requiere tiempo y repetición para que los cambios se produzcan. Puede ser que no me dé cuenta de que los cambios están sucediendo hasta mucho después de los hechos, pero se están produciendo. En el proceso, a veces parece que las cosas empeoran antes de mejorar, porque soy mucho más consciente de lo que siento. Ahora estoy más dispuesto a mirar de frente cosas que había evitado ver, por ejemplo los hábitos de comer y beber como estrategias que había desarrollado para aliviar el estrés. A veces es difícil sostener esta honestidad, pero, como dijo alguien, sé que el camino de salida es por ahí.

En un estudio reciente (Moore y Malinowski, 2009), los investigadores compararon un grupo que practicaba la meditación mindfulness con un grupo de no meditadores utilizando una prueba de atención muy conocida: el test de Stroop. En el test de Stroop, se muestra a los sujetos palabras en color que designan dicho color (por ejemplo, «rojo»), si bien hay palabras cuyo color no coincide con el que designan. Cuando se les pide que identifiquen el color de cada palabra, la mayoría de los sujetos tardan más en responder cuando el color no coincide con la palabra. Esto es debido a que sus cerebros procesan automáticamente el significado de la palabra, lo que interfiere en su capacidad de decir qué es lo que realmente ven (el color de la palabra).

El estudio mostró que los meditadores tuvieron mejores resultados que los no meditadores en todos los parámetros de la atención, y también una mayor flexibilidad cognitiva (la «capacidad humana de adaptar estrategias de procesamiento cognitivo para hacer frente a condiciones nuevas e inesperadas»). Esto sugería que, a través del entrenamiento en el mindfulness, los procesos cognitivos que se habían vuelto automáticos podían «volver a estar bajo el control cognitivo y que las respuestas previamente automáticas podían ser interrumpidas o inhibidas» (Moore y Malinowski, 2009, 182-183). En otras palabras: con el mindfulness, incluso los hábitos de décadas pueden traerse a la conciencia y cambiarse.

PRÁCTICA 7: mindfulness de la meditación en la respiración

Tómate unos momentos para relajar el cuerpo y la mente y permitirte llevar la atención al cuerpo. Haz algunas respiraciones completas y profundas; con cada exhalación, relájate y suelta las tensiones y preocupaciones del día.

Permite que se dibuje una media sonrisa en las comisuras de tu boca y tus ojos y visualiza que recibes todo lo que experimentas con la expresión acogedora de una sonrisa.

Siéntate de una forma a la vez relajada y alerta. Con los ojos cerrados, si esto es cómodo para ti, o con los ojos abiertos y la mirada suave y desenfocada, lleva tu atención a las sensaciones de la respiración (la sensación de inhalar y exhalar). Mientras inhalas, sé consciente de que estás inhalando, y al exhalar, sé consciente de que estás exhalando. Permite que tu respiración sea tal como es; no trates de hacerla más profunda o de cambiarla de ninguna manera.

Si te resulta útil, di mentalmente «adentro» al inhalar y «afuera» al exhalar. O di en silencio «subir» y «bajar» mientras tu pecho y tu vientre ascienden y descienden.

Establece una «base» allí donde percibas más la respiración o donde te parezca más relajante. Puede ser el pecho, el abdomen o las fosas nasales, allí donde entra el aire frío y sale el aire caliente. Permite que tu atención descanse en la experiencia directa de tu cuerpo respirando.

Siempre que te des cuenta de que ya no tienes la atención puesta en la respiración, recibe con benevolencia cualquier autocrítica o molestia que aparezca. Si te es útil, etiqueta en silencio cualquier actividad mental que haya atraído tu atención (si estabas planificando el día, recordando una conversación o soñando despierto, etiquétalo como «planificando», «recordando» o «soñando despierto») y trae de nuevo tu atención, suavemente, a tu inhalación y exhalación sin juzgarte ni criticarte. Haz esto durante quince minutos o hasta el final de tu período de meditación.

Cuando estás meditando, una vez que tu atención se ha estabilizado en tu respiración u otro objeto de meditación, puedes estar abierto a todos los aspectos de tu experiencia mientras surgen y pasan. Es decir, puedes estar abierto a todo lo que entre en tu conciencia a través de tus cinco sentidos, así como a los pensamientos, emociones, estados de ánimo, impulsos y estados mentales que experimentes. La siguiente meditación te ayudará a practicar la expansión de la conciencia.

PRÁCTICA 8: meditación de la conciencia del cuerpo

Deja lo que estés haciendo, siéntate cómodamente y permanece quieto. Permite que tus ojos se cierren suavemente o déjalos medio abiertos, de tal modo que miren sin tensión a uno o dos metros delante de ti. Trae la conciencia a tu cuerpo y a todas las sensaciones que estén presentes.

Siente el contacto del cuerpo con la superficie en la que está apoyado y permanece abierto a las sensaciones que experimentes (dureza, presión, calor, hormigueo, latidos, etc.). Siente el contacto de los pies con el suelo y el de cualquier parte del cuerpo con otra parte (por ejemplo, las manos en el regazo o sobre las rodillas). Nota las sensaciones presentes en el pecho y el vientre, y respira con lo que sea que experimentes.

Lleva la atención a la respiración y observa si está tensa o relajada. Acéptala tal como esté e invita a que tu respiración y tu cuerpo se relajen.

Mientras llevas la atención al cuerpo, permítete sentir cualesquiera sensaciones que estén presentes. Observa cómo vienen y se van, cómo fluyen y refluyen. Si te ocasionan cualquier grado de estrés, tensión o ansiedad, acéptalo con actitud amable y benevolente. Haz esto durante quince minutos o hasta el final de tu tiempo de meditación.

La comida es un área en la que muchas personas contraen hábitos no saludables. Tal vez tú mismo tienes el hábito de comer en respuesta a emociones o fuertes antojos en vez de hacerlo conscientemente y a partir de la necesidad, o el de comer sin prestar atención y sin ser apenas consciente del sabor de la comida. La práctica de meditar comiendo puede ayudarte a hacerte más consciente de la experiencia: se trata de comer más despacio y de prestar mucha atención a los detalles implícitos en ese acto (el tacto, los aromas, los sabores, las sensaciones, los pensamientos, las pulsiones...).

PRÁCTICA 9: meditar comiendo

Empieza por agarrar una sola pieza de comida, como una pasa o una uva. Sostenla en la palma de la mano o entre el dedo índice y el pulgar.

Imagina que no has visto este tipo de alimento antes. Céntrate en él; dedica un tiempo a verlo realmente. Préstale toda tu atención; examina sus líneas, su color, su forma, sus pliegues y cualesquiera características únicas. Percibe los pensamientos que surjan; limítate a ser consciente de ellos.

Siente ese alimento entre los dedos pulgar e índice y explora su textura (con los ojos cerrados, si quieres).

Sitúalo debajo de tu nariz y huele su aroma; percibe cualquier respuesta anticipatoria que tenga lugar en tu boca o tu estómago.

Llévatelo a los labios y colócalo en tu boca, pero no lo mastiques todavía. Siente las sensaciones y el gusto de tenerlo en la boca; explóralo con la lengua. Percibe si tienes el deseo de masticarlo. Nota cualquier cosa que surja (pensamientos, anticipación, agrado, desagrado...). Sé consciente de todo lo que experimentes.

Cuando estés listo, mastícalo a conciencia una o dos veces y observa lo que ocurre: percibe el sabor, la textura, las sensaciones propias del acto de masticar y todo lo demás que suceda en tu boca y en tu estómago. Tómate todo el tiempo que quieras para masticar la comida.

Cuando estés listo para tragar, lleva la atención a la intención de tragar y experimenta conscientemente la deglución y la digestión del alimento. Hazte consciente de cualquier rastro de sabor, de las sensaciones de la digestión y de las sensaciones generales que adviertas en tu cuerpo. Si quieres, repite esta práctica con otro trozo de comida.

Al terminar esta práctica de comer con conciencia, advierte una o dos cosas que destacarías de la experiencia. Tal vez te ha quedado claro que gran parte del tiempo no piensas realmente acerca de lo que estás comiendo. Tal vez te has dado cuenta de que tienes la tendencia a apresurarte, a anticipar el siguiente bocado de comida antes de haber terminado con el anterior. O tal vez has experimentado comer de una manera totalmente nueva para ti.

Prueba a abordar con esta conciencia una de tus comidas. Consciente no tiene por qué ser sinónimo de lento, pero la lentitud puede ayudarte a estar más presente con la experiencia.

APROVECHAR EL PODER DE LA ATENCIÓN. RECAPITULACIÓN

La atención enfocada es un elemento clave de la mayor parte de las prácticas de meditación, no solo de la meditación mindfulness. Enfocar la atención es esencial para cambiar los hábitos no saludables o no deseados, ya que nos permite hacernos conscientes de patrones de comportamiento y pensamiento que antes eran automáticos e inconscientes.

Hay muchos objetos o «anclas» diferentes que puedes utilizar para enfocar la mente en el curso de una meditación. Uno de los más habitualmente utilizados y accesibles es la propia respiración. Puedes ejercitar la atención por medio de llevar la conciencia a las sensaciones del aire que entra y sale y de volver a enfocar la atención en la respiración, con benevolencia y sin juzgarte, siempre que te des cuenta de que te has distraído.

El hecho de reforzar la facultad de la atención o concentración te permitirá tomar conciencia de un hábito no deseado *antes* de que sientas la necesidad de manifestarlo, *durante* la compulsión de manifestarlo y *después* de haberte comportado según el hábito (o no haberlo hecho). Tomar conciencia del hábito en cada una de estas fases te ayudará a evitar los desencadenantes, a acoger tus impulsos con actitud benevolente y a ejercer la compasión y el perdón contigo mismo cuando cedas al hábito.

El arte de enfocar la atención te ayudará a ver que cada vez que eres consciente tienes la posibilidad de elegir cómo responder a lo que estás experimentando. Y con entrenamiento puedes hacer que la conciencia centrada en el presente sea tu modalidad por defecto en lugar de serlo la modalidad de conciencia en la que estás perdido entre planes, recuerdos o distracciones. Así podrás optar por responder a tus impulsos y antojos de formas saludables, que sean coherentes con tus valores e intenciones más profundos.

CAPÍTULO 7

DESENGANCHARNOS DE LOS PENSAMIENTOS Y CREENCIAS QUE SOSTIENEN LOS HÁBITOS

Con nuestros pensamientos construimos el mundo.

EL BUDA

El maestro budista Martine Batchelor señaló: «A menudo tenemos más miedo de la idea de que algo suceda que de su ocurrencia. Cuando nos hallamos confrontados con ello en la realidad, somos capaces de lidiar adecuadamente con el impacto directo de la situación» (Batchelor, 2007). Esto encaja ciertamente con mi propia experiencia. Cuando he estado en situaciones difíciles o dolorosas, he sido capaz de reunir los recursos necesarios para responder de manera efectiva, aun cuando había temido que me sentiría abrumado.

Mi historia

No hace mucho tiempo, estaba pasando por un período de estrés y ansiedad. Había contraído más compromisos de los que me parecía posible asumir de una manera en que pudiese estar completamente presente para mí y para los demás. Debía enseñar, escribir, asumir responsabilidades organizativas... Me encontré despertándome por la noche preocupado por todo lo que tenía por delante y la falta de tiempo para hacerlo todo. Era difícil para mí volver a dormirme, a causa de los pensamientos insistentes y ansiosos que albergaba, del tipo: «Tengo muchas cosas pendientes... ¿Cómo voy a hacerlo todo?». Mi dificultad para dormir incrementó mi ansiedad: «Si mañana estoy cansado y me falta energía, aún me costará más hacerlo todo». A su vez, estos pensamientos de ansiedad hacían que aún me resultara más difícil dormirme. Me despertaba por las noches con el corazón latiéndome aceleradamente. La práctica de caminar o de hacer algunos movimientos de taichí en actitud de mindfulness me ayudaba a relajarme, pero no mucho.

Así pues, me hallaba en una espiral: mis pensamientos de preocupación me ocasionaban sensaciones corporales de tensión y aceleración del ritmo cardíaco. Esto fomentaba en mí la presencia de más pensamientos intensos, de ansiedad, lo cual incrementaba a su vez mi tensión corporal. Y cuanto más tenso y ansioso estaba, más difícil me resultaba relajarme y conciliar el sueño. Me encontré preguntándome: «¿Cuál es la raíz de este problema? Y ¿cuál es el camino hacia una mayor tranquilidad y bienestar?».

Sabía que el mindfulness era clave para encontrar más paz, pero no era fácil para mí limitarme a ser consciente de mi experiencia. Mi corazón acelerado le estaba enviando un mensaje insistente a mi cerebro: «Haz algo; encuentra una manera de salir de esto». Me resultaba realmente difícil sentarme quieto y observar mi experiencia en medio de esa intensidad.

Durante los días y semanas que siguieron, encontré útil investigar lo que estaba pensando y creyendo en relación con mi situación. También me di cuenta de que el hecho de identificarme con mis pensamientos contribuía a que mi estrés y mi ansiedad se perpetuasen.

Cuando tomé conciencia de mis pensamientos y creencias, vi que el tema recurrente era este: «Hay demasiadas cosas por hacer... Nunca voy a ser capaz de abarcarlo todo». Debajo de estos pensamientos estaba la creencia de que iba a decepcionarme a mí mismo y defraudar a los demás si desatendía esos asuntos o dejaba de gestionar mis muchas responsabilidades; los demás podrían pensar mal de mí.

Reconocí que mientras trataba esos pensamientos como si fuesen ciertos me llevaban fácilmente a escenarios cada vez peores: no sería capaz de ganarme la vida. Perdería mi casa. Perdería mi relación de pareja. Me quedaría solo. Me acordé de la historia zen de un monje que había pintado un tigre en la pared de una cueva y se sentía aterrorizado cada vez que lo miraba. Yo había pintado mi propio tigre con mis pensamientos de ansiedad, y tenía miedo cada vez que me veía envuelto en mi ciclo de preocupaciones. Cuando investigué mi discurso mental que me decía que había mucho por hacer, vi que, efectivamente, tenía mucho por hacer y que había asumido demasiados compromisos, pero el estrés y la ansiedad no eran tanto la consecuencia de todas aquellas obligaciones como de creerme el relato que había creado con mis patrones habituales de pensamiento. Recordé otras ocasiones en las que había tenido muchas responsabilidades y las había sacado adelante sin ansiedad gracias al hecho de que el discurso interior de que «hay demasiado por hacer» no había estado presente.

Cuando llevé la atención a mis pensamientos y creencias, me di cuenta de que me había implicado en un discurso basado en el miedo que me había puesto a la defensiva; estaba en la modalidad de «lucha o huida». Mi atención y mi energía estaban centradas exclusivamente en dar una respuesta defensiva: «¿Cómo voy a hacer todo esto?», «¿Cómo puedo evitar las consecuencias negativas de no hacerlo?». Este enfoque estrecho me dejaba muy poco espacio para tomar decisiones creativas o para ver las muchas formas posibles de avanzar.

Cuando indagué más, vi que mis miedos y preocupaciones, si bien eran causados por mis patrones habituales de pensamiento, no estaban del todo «creados por la mente». Reconocí que tenía tendencia a aceptar las peticiones que me hacían, lo cual surgía del deseo de complacer a los demás y gustarles, así como de evitar lo desagradable y no decepcionar a nadie. El número cada vez mayor de síes me había llevado a comprometerme con demasiados proyectos, lo cual había preparado el escenario para que el discurso de que había demasiado por hacer me pareciese verdad.

Cuando presté atención a mis pensamientos con mayor agudeza, se me hizo más fácil verlos como pensamientos en lugar de como verdades. Entonces fui capaz de dejar de creerme mi historia mental de que había demasiadas tareas por hacer. Pude identificar y etiquetar este pensamiento como un «pensamiento de ansiedad» y soltarlo. Al identificarme menos con estos pensamientos, se abrió más espacio para mí para efectuar cambios creativos en mi vida: abandoné algunas actividades no esenciales, invité a otras personas a que asumieran funciones que realmente no necesitaba desempeñar yo mismo y practiqué declinar solicitudes que no constituían prioridades.

Gran parte del estrés, la ansiedad y el sufrimiento presentes en nuestras vidas proviene de no observar sabiamente nuestros pensamientos y creencias. En lugar de cuestionarlos, los tratamos como verdades. Nos creemos las historias que nos contamos y nos dejamos llevar por ellas.

Tus hábitos juegan un papel importante a la hora de perpetuar los tipos de pensamientos y creencias que puedan ocasionarte sufrimiento. A modo de ejemplo, si tienes el hábito de beber cerveza para levantar el estado de ánimo cuando te sientes mal, es probable que hayas llegado a la conclusión de que te sientes mejor cuando tomas un par de cervezas. En tu mente se crea una asociación entre el hecho de beber cerveza y el alivio temporal que experimentas, lo que te lleva a creer que tienes que beber para sentirte bien. Del mismo modo, si a menudo te fumas un cigarrillo para evitar sentirte triste o solo, es probable que hayas llegado a la conclusión de que te sentirás triste o solo si no fumas un cigarrillo. Como observó el psicólogo Donald Hebb hace más de sesenta años, las neuronas que se disparan juntas se conectan (Hebb, 1949). La mente asocia el comportamiento (beber cerveza, fumar un cigarrillo) con un respiro respecto de los sentimientos desagradables, y como resultado se generan unos pensamientos que refuerzan el comportamiento.

Estar atentos a los propios pensamientos es esencial si albergamos la esperanza de reducir nuestra identificación con los patrones de pensamiento negativos. Si nos fijamos en los cuatro tipos de hábitos (los de deseo, resistencia, distracción y acción), podemos ver los patrones de pensamientos y creencias que los sostienen y estimulan más a menudo. Cada vez que estamos atrapados en hábitos no saludables de deseo (ansiar comida, bebida, tabaco, sexo, reconocimiento...) la idea subyacente es: «Me voy a sentir mejor si puedo tener eso». Y por debajo de este deseo se oculta esta creencia: «Voy a experimentar sensaciones dolorosas o desagradables si no puedo tener eso». Los hábitos de resistencia o aversión (en los cuales manifestamos frustración, ira, impaciencia y juicios duros) tienden a tener esta idea subyacente: «Esto tiene que ser diferente para que pueda sentirme bien» o «Si no cambio esto, va a ocurrir algo muy malo». En el caso de los hábitos de distracción (como comprobar constantemente el teléfono o pasar demasiado tiempo viendo la televisión), el pensamiento que subyace es que la experiencia presente es aburrida o desagradable y que hacer algo que resulta familiar será más interesante o agradable. Los hábitos de acción (cuando las energías de la persona están siempre centradas en lo siguiente que hay que hacer) tienden al pensamiento subyacente: «Algo malo va a pasar si dejo de moverme». Todos estos hábitos están acompañados por la creencia de que el momento presente es algo insuficiente: «Solo voy a ser feliz si esto cambia, si tengo eso, si hago aquello».

La práctica del mindfulness puede mitigar nuestra identificación con los pensamientos al ayudarnos a ver que el contenido de un pensamiento no es intrínsecamente cierto. Si somos capaces de prestar más atención a nuestros pensamientos, podemos hacer con ellos algo más inteligente que lo habitual. Por ejemplo, cuando el malestar, la soledad o el aburrimiento desencadenan el pensamiento: «Estaría bien tomar un poco de helado ahora», se puede observar esto como un «deseo» o un «pensamiento de deseo», en lugar de acudir automáticamente al congelador y servirnos un helado.

Puedes profundizar en tu conciencia de las emociones y sensaciones corporales que a menudo subyacen a tus patrones de pensamiento y comportamiento habituales y los estimulan. Y si tienes creencias que perpetúan tus hábitos no saludables, puedes investigarlas y dejar de identificarte con ellas. A continuación se presentan tres enfoques para trabajar con los pensamientos y creencias.

OBSERVAR LOS PROPIOS PENSAMIENTOS. DEJAR QUE VENGAN Y SE VAYAN

Una de las comprensiones más potentes que puedes adquirir con la práctica del mindfulness es la de darte cuenta de que puedes tomar conciencia de tus pensamientos y creencias en lugar de perderte en ellos o dejarte gobernar por ellos. Existe toda la diferencia del mundo entre, por una parte, *llevar la atención* al hecho de sentirte enojado por algo que dijo un compañero (sentir la tensión y el calor en la cara y en el pecho y observar tus sentimientos de enfado y los pensamientos de lo que podrías decir) y, por otra parte, *verte arrastrado* por la ira y el discurso mental que dice lo mezquino que es ese compañero o lo equivocado que está y qué vas a decirle.

Si llevas la atención a tus pensamientos (incluidas tus opiniones, ideas y creencias), puedes determinar cuál será tu comportamiento inteligente y adecuado. Se abrirán opciones ante ti, incluida la de no creerte tus pensamientos o identificarte con ellos. En cambio, si no llevas la atención a tus pensamientos, no tendrás más remedio que exteriorizar tus viejos patrones de pensamiento y actuar según ellos. El pensamiento no examinado «estaría bien tomar un poco de helado» te puede llevar al congelador antes de que te des cuenta de que has efectuado una elección. Una historia a la que se acude a menudo para ilustrar este punto es la siguiente:

Un jinete está galopando a gran velocidad cuando alguien que lo ve grita:

—¿A dónde vas?

Y el jinete responde:

—¡No me lo preguntes a mí! ¡Pregúntaselo al caballo!

Gran parte del tiempo, tu caballo (es decir, tus pensamientos habituales, no sometidos a escrutinio) decide a dónde vas.

Por lo tanto, una habilidad esencial del mindfulness es la de desarrollar una relación sana con los propios pensamientos: consiste en verlos como productos efímeros de la mente y no como *la verdad*. Cada vez que practiques el mindfulness de la respiración o cualquier otro, probablemente advertirás que tu atención se distrae con frecuencia a causa de tus pensamientos. Puede ser que de pronto te encuentres planificando, preocupándote, soñando despierto o recordando el pasado. Cuando te des cuenta de que tu atención se ha desplazado a tus pensamientos, puede serte útil etiquetarlos mentalmente (como se menciona en la práctica 7: «mindfulness de la meditación en la respiración»). Puedes decirte: «Pensando», «Planificando», «Soñando despierto» o «Pensamiento de preocupación». La práctica de nombrar tus pensamientos o de reconocer, más en general, que estás «pensando» puede ayudarte a observar los pensamientos como fenómenos pasajeros, en lugar de perderte en su contenido.

Una actitud de benevolencia y ausencia de juicio te ayudará a cultivar una relación sana con tus pensamientos. No hay necesidad de que trates de deshacerte de ellos o de vaciar la mente, ni siquiera durante la meditación. Si tienes pensamientos que consideras que son problemáticos en algún sentido, esto es indicativo de que te conviene prestar especial atención a tu relación con esos pensamientos. Si puedes experimentarlos sin resistencias, apegos o juicios, esos pensamientos dejarán de constituir un problema para ti.

El hecho de ver tus pensamientos únicamente como pensamientos y elegir regresar al presente mediante el abandono de tus historias mentales te ayudará a mitigar tu identificación con los pensamientos y creencias que acaso te estén manteniendo atascado en hábitos no saludables.

DESVINCULAR LOS PENSAMIENTOS DE LAS SENSACIONES CORPORALES Y LAS EMOCIONES

Llevar la atención a la experiencia del momento presente y hacerla regresar a tu «ancla» cuando te das cuenta de que te has distraído con tus pensamientos es una habilidad esencial del mindfulness.

A veces, sin embargo, nuestros pensamientos están atados a sensaciones, emociones e impulsos que pueden perpetuar los hábitos no saludables si no se toma también conciencia de todo ello. Por ejemplo, un recuerdo melancólico puede provocar tristeza y una sensación de pesadez en el corazón y alrededor de los ojos, y estos sentimientos pueden desencadenar la necesidad de abstraerse navegando por Internet (sobre todo si este es un patrón consolidado). La persona puede encontrarse navegando de un sitio a otro de Internet sin un propósito claro o sin ninguna conciencia de haber elegido conscientemente «echar un vistazo». Este es un ejemplo de hábito inútil.

Pero si la persona se permite experimentar las sensaciones, emociones e impulsos que acompañan a sus pensamientos, puede desenredar la compleja red de sus experiencias internas y elegir actuar de formas que contribuyan a su felicidad y bienestar más profundos. Se puede explorar esta práctica de desenredar durante el tiempo de meditación formal, y esto va a fomentar la toma de conciencia de la pulsión del hábito cuando se presente en la vida diaria.

Si estás utilizando la respiración como tu objeto de meditación o «ancla», puedes sencillamente volver a llevar la atención a ella cuando te des cuenta de que te has perdido entre tus pensamientos. Sin embargo, si ves que caes una y otra vez en un pensamiento repetitivo (por ejemplo, un recuerdo doloroso o un pensamiento de miedo o ansiedad), en lugar de limitarte a volver a poner la atención en la respiración, llévala a cualesquiera sensaciones o emociones que estén presentes en tu cuerpo. Por ejemplo, si sientes opresión en el pecho o el vientre, permanece totalmente abierto a estas sensaciones. Dirige tu atención allí donde experimentes las sensaciones dolorosas o incómodas y, mientras lo haces, respira de forma profunda y relajada, para que los sentimientos difíciles se vean sostenidos, por así decirlo, por tu respiración relajada (esto se conoce como respirar en las sensaciones; es como si llevases la respiración directamente a determinadas partes del cuerpo).

Respira en las sensaciones, acogiéndolas con benevolencia y aceptación, y deja que se vayan por sí mismas a su debido tiempo. Etiqueta las sensaciones si esto te ayuda: «rigidez», «tensión», «calor», «entumecimiento»... Haz lo mismo con las emociones: permanece abierto a las que haya y etiquétalas si te resulta útil («ira», etc.). Si surgen pensamientos de preocupación, miedo o tristeza, solo tienes que tomar conciencia de ellos y ponerles la etiqueta de «pensamientos», «pensamiento de tristeza», etc.

Permite que cada parte de tu experiencia sea solamente lo que es: permite que los pensamientos sean pensamientos, que las emociones sean emociones y que las sensaciones sean sensaciones; permite que todo ello acuda y se vaya a su debido tiempo.

INVESTIGAR LAS CREENCIAS E HISTORIAS

Si estás acostumbrado a pensar y actuar de ciertas maneras, con el tiempo puedes llegar a creer que no tienes elección respecto a dichos pensamientos o acciones. Incluso puede ser que creas que eso es lo que eres.

Si has contraído el hábito de responder con enojo frente a las pequeñas molestias o desaires, puedes creer fácilmente que eres una persona enojada o que la gente es estúpida y que no tienes más remedio que enfadarte cuando alguien hace o dice algo que te irrita.

Si llevas muchos años fumando, acaso creas que eres un fumador nato o que no tienes la fuerza de voluntad para dejar de fumar. Estas creencias pueden contribuir a que permanezcas siendo adicto a los cigarrillos.

Si, al llegar al trabajo, navegas sin rumbo por Internet durante una hora, acaso creas que nunca vas a ser productivo en el trabajo y que no puedes tomar conciencia cuando te sientas en tu escritorio por la mañana.

Si estás siempre estresado, corriendo para lograr hacerlo todo, es posible que creas que nunca vas a ser capaz de ponerte al día con tus tareas o que las cosas nunca van a cambiar. Y esta creencia ayuda a avivar tu estado de estrés.

Es importante que investigues estas creencias e historias y que veas cómo te estás identificando con ellas. El hecho de ver que son una creación de tu mente y no la verdad absoluta puede permitirte desvincularte de ellas, y así dejarán de favorecer tus patrones de pensamiento y comportamiento no saludables.

Puedes empezar por preguntarte: «¿Es esto realmente cierto? ¿Es verdad que soy una persona enojada/no tengo la fuerza de voluntad para dejar de fumar/nunca voy a ser capaz de hacer todas estas cosas? ¿O se trata de una historia mental que he desarrollado y con la que me he identificado con el paso del tiempo y que, como tal, no es concreta, no es lo que soy y puedo soltarla?».

Las creencias e historias negativas (que a menudo contienen las palabras *nunca* o *siempre*) pueden contrarrestarse con ejemplos que las pongan en duda. Por ejemplo, si la creencia que subyace a tu hábito no deseado es: «Soy indeciso y no mantengo la dirección», puedes recordar un sábado en que te levantaste temprano por la mañana y te mantuviste enfocado en una larga caminata por las montañas.

Hay una meditación que puede ayudarte a trabajar con las creencias profundamente arraigadas, y que consta de cuatro pasos: reconocer, permitir, investigar y no identificarse. Esta meditación, conocida como RAIN por sus siglas en inglés, puede ayudarte a disolver las creencias profundamente arraigadas sobre ti mismo y tus limitaciones. La versión que sigue está influida por las enseñanzas de Tara Brach en relación con esta meditación y parte del trabajo de Byron Katie (Brach, 2013; Katie, 2002). En esta práctica, en primer lugar, hay que traer a la mente un hábito no saludable. Después hay que reconocer lo que está presente en el cuerpo, las emociones y los pensamientos y permitir que esto sea tal como es (que venga y se vaya cuando sea).

Después, cuanto más se investigan las creencias e historias que perpetúan el hábito, más podemos no identificarnos con ellas y abandonarlas.

PRÁCTICA 10: meditación RAIN sobre un hábito no deseado o no saludable

Siéntate en una postura cómoda y relajada, con la espalda recta y los hombros sueltos. Dedica unos minutos a que se asienten el cuerpo y la mente a medida que haces algunas respiraciones profundas. Con cada exhalación, suelta cualquier estrés o tensión que puedas estar albergando.

Después, con una atención relajada, ábrete a lo que esté presente. Recíbelo con benevolencia, curiosidad y aceptación.

Cuando estés listo, trae a tu mente, conscientemente, un hábito no saludable o no deseado que quieras investigar. Mientras piensas en este hábito, lleva la atención a tus sensaciones corporales. Percibe lo que está presente. Si sientes una opresión en el pecho o calor en la cara, por ejemplo, permanece totalmente abierto a estas sensaciones. Interésate en ellas.

Observa cómo vienen, cómo permanecen durante un tiempo, cómo cambian (si lo hacen) y cómo pasan. Si te ayuda a tener una actitud de aceptación, di «sí» para tus adentros a cualquier cosa que experimentes: sí a la tirantez..., sí al adormecimiento..., sí al calor. Permite que cada sensación sea como es; que venga y se vaya por sí misma.

Recibe cualquier emoción de la misma manera (etiquétalas si te resulta útil; por ejemplo, «vergüenza», «ira», «dolor»), y di que sí a estas emociones; permite que vengan y se vayan por sí mismas.

Lleva la atención, también, a los pensamientos, creencias o historias que estén presentes. Por ejemplo: «Nunca voy a ser capaz de cambiar esta situación», «Nada me funciona» o «Soy un perdedor; no tengo autocontrol». Acoge estos pensamientos y creencias en tu conciencia con benevolencia; di «sí» a su presencia.

Mientras estás sentado con las sensaciones, emociones y pensamientos que están presentes, pregúntate: «¿Qué estoy creyendo en relación con esta situación?». Acaso adviertas el pensamiento: «En realidad no le importo a nadie», «Nada va a cambiar» o «Siempre voy a estar solo», acompañado de una sensación de abatimiento en el corazón y el impulso de consolarte con un comportamiento familiar pero poco saludable. Acoge estos sentimientos y creencias con interés y benevolencia. Examina una creencia tras otra, y pregúntate en relación con cada una: «¿Es esto realmente cierto?». Mientras estás sentado haciéndote esta pregunta, pueden acudir a tu mente situaciones que contradicen esa creencia; por ejemplo, recuerdos de personas que se preocupan por ti. Si surge una creencia negativa sobre el futuro, recuerda que nadie puede predecir el futuro con un cien por cien de precisión, porque el futuro es incognoscible. Reflexiona sobre el hecho de que es imposible saber cómo se desarrollarán los acontecimientos.

Pregúntate: «¿Qué tal es vivir con esta creencia?». ¿Es una creencia que te haya resultado útil? ¿Mejora tu bienestar o te lleva a sufrir? ¿Cómo ha afectado a tu vida? ¿Ha mermado tus opciones? ¿Te ha separado de los amigos, de la familia, de ti mismo? ¿Qué sensaciones y emociones acompañan a esta creencia? ¿Tal vez una sensación de pesadez? ¿El sentimiento de ser insignificante?

¿Decepción? ¿Tristeza? Di que sí a estos sentimientos y sensaciones sin dejar de investigar la creencia.

Investígala más a fondo. Pregúntate: «¿Qué me está impidiendo soltar esta creencia?». Acaso descubras que debajo de ella está el miedo. Tal vez temas que abandonar esa creencia te hará vulnerable, que podría suceder algo malo. Aferrarte a ella puede proporcionarte una sensación de control o de autoprotección. Permanece tan abierto como puedas a los sentimientos y sensaciones que subyacen a la creencia. Puedes ponerte la mano sobre el corazón y preguntar a esos sentimientos y sensaciones (de miedo o tirantez, por ejemplo): «¿Qué necesitáis o queréis de mí?». Ábrete a cualquier respuesta que aparezca (puede ser «bondad», «aceptación», «amor»...). Acoge lo que surja con interés y benevolencia.

Sigue examinando de cerca esta creencia (y las sensaciones y emociones que la acompañan). Pregúntate: «¿Qué tal sería vivir sin esta creencia?». Imagina lo que sentirías sin que esta creencia limitante afectase a tu cuerpo, tu corazón y tu mente. Imagina que la has soltado y toma conciencia de cómo te sientes. Es posible que experimentes una sensación de alivio o de amplitud. O acaso te resulte difícil el solo hecho de imaginarte sin esa creencia. Sigue investigando, con benevolencia: «¿Qué tal sería vivir sin esta creencia? Y ¿quién sería yo sin esta creencia?».

Te puede parecer inquietante perder tu sensación de certeza acerca de quién eres y lo que ocurriría a medida que exploras la posibilidad de vivir sin esta creencia limitante. Esta es una parte normal del proceso de desidentificación respecto de las propias creencias. Ten en cuenta que cuanto menos seguro estés sobre ti mismo y el mundo, más oportunidades estarán disponibles para ti en cualquier momento dado.

He aquí una pequeña práctica de mindfulness. Siempre que te veas atraído hacia un hábito no saludable, pregúntate: «¿Qué estoy creyendo en este momento? ¿Creo que necesito _____ [por ejemplo, tener sexo, ver la televisión o conducir de manera agresiva] para ser feliz o para sentirme bien? Si es así, ¿qué tal sería vivir sin esta creencia? ¿O es que creo que necesito _____ para deshacerme de un determinado pensamiento? Si es así, ¿puedo experimentar este pensamiento como un mero pensamiento, etiquetarlo [por ejemplo, "pensamiento de ansiedad" o "pensamiento de ira"] y dejarlo pasar? ¿O acaso creo que necesito _____ para librarme de una determinada emoción? Si es así, ¿puedo experimentar esta emoción como nada más que una emoción, etiquetarla [por ejemplo, "aburrimiento" o "tristeza"] y dejar que pase? Por último, ¿puedo optar por llevar la atención de nuevo a la respiración o el cuerpo?».

DESENGANCHARNOS DE LOS PENSAMIENTOS Y CREENCIAS QUE SOSTIENEN LOS HÁBITOS. RECAPITULACIÓN

Las creencias que justifican y perpetúan los hábitos no saludables tienden a hacerse más fuertes con el tiempo. Es un círculo vicioso: la repetición del hábito ayuda a reforzar la creencia de que hay que manifestar el hábito para sentirse bien, lo que a su vez refuerza aún más el hábito. Debido a ello, los hábitos y creencias pueden llegar a ser tan fuertes que parecen formar parte de lo que somos.

Las prácticas que están contenidas en este libro proporcionan formas de trabajar con los pensamientos y creencias y soltar los que nos mantienen sumidos en los hábitos no saludables.

En primer lugar, la práctica de llevar la atención a los pensamientos y la decisión de volverla de nuevo a la respiración (o a alguna otra «ancla») te ayudará a aflojar tu identificación con los pensamientos y a cultivar una relación más sana con ellos. Empezarás a ver tus pensamientos solo como pensamientos, no necesariamente como verdades.

En segundo lugar, las prácticas de mindfulness te ayudarán a separar tus pensamientos y creencias de tus sensaciones, sentimientos y emociones, de modo que ciertas sensaciones dejarán de activar automáticamente pensamientos y creencias dolorosos, y viceversa.

Por último, puedes examinar las creencias que albergas que contribuyen a que estés perpetuando unos hábitos no saludables. Puedes preguntarte:

- ¿Qué estoy creyendo?
- ¿Es esto realmente cierto?
- ¿Qué tal es vivir con esta creencia?
- ¿Qué tal sería vivir sin esta creencia?
- ¿Quién sería yo sin esta creencia?

El hecho de trabajar con tus pensamientos a través de estas prácticas de mindfulness e indagación debilitará cualquier creencia que tengas desde hace mucho tiempo que esté estimulando y perpetuando tus hábitos no saludables, lo que te permitirá vivir con mayor libertad.

CAPÍTULO 8

MONTAR LAS OLAS DE LAS EMOCIONES, LOS IMPULSOS Y LOS ANTOJOS

No puedes controlar las olas, pero puedes aprender a surfear.

DICHO ZEN

La actitud del mindfulness es la de refugiarse en la realidad por medio de estar abierto a la propia experiencia sin resistencias, juicios o apegos. Cada vez que acoges tu experiencia de todo corazón, con benevolencia y aceptación, estás alineado con el flujo de tu vida mientras se despliega aquí y ahora. Pero cada vez que permites que tus pensamientos, preocupaciones y tensiones dicten cómo experimentas este momento, inevitablemente sufres, porque estás en conflicto con la realidad, con la verdad. En lugar de bailar con la vida, te hallas inmerso en un combate de lucha libre con ella. Y no hay ninguna duda de cómo va a acabar el combate.

Este momento puede ser extremadamente doloroso. Tus sensaciones corporales pueden estar instándote a hallar consuelo o alivio en la comida, la bebida, las drogas, el sexo o algún otro deseo. Tus pensamientos pueden estar diciéndote que debes tener ese objeto, o persona, o experiencia; de lo contrario, la vida será intolerable. O puede ser que estés experimentando el intenso dolor de una pérdida, o preocupación por el futuro, o dolor físico. Pero incluso en estas situaciones intensas, el mindfulness proporciona un camino para salir del deseo ávido, el estrés y el sufrimiento. La salida se halla en pasar por la experiencia, estando totalmente abierto a todas sus dimensiones (sentimientos, sensaciones, emociones, pensamientos, ansias, impulsos)... y viendo que todo esto acaba por pasar.

En el capítulo anterior relaté la experiencia de mi trabajo con la ansiedad y expliqué que mis pensamientos y creencias contribuyeron a perpetuar mis emociones dolorosas. Como mencioné, el hecho de examinar y soltar ciertos pensamientos y creencias me ayudó a sentir menos estrés y ansiedad. Pero la otra clave que me condujo a liberarme del hábito del pensamiento ansioso fue estar totalmente abierto a la experiencia y aceptar todo lo que formase parte del presente. Es decir, estuve dispuesto a experimentar las sensaciones corporales desagradables (como la tensión muscular y la aceleración del ritmo cardíaco) y las emociones desagradables (por ejemplo, la preocupación y el miedo) que acompañaban a los pensamientos de ansiedad y que subyacían ellos.

Mi historia (continuación)

Siempre que me veía atrapado en un estado de ansiedad, sentía que me estaba sucediendo algo malo y que tenía que hacer algo para salir de ese estado. Pero cuanto más me resistía a la ansiedad, más tiempo pasaba imbuido en esa lucha. Una noche en que me desperté y no podía volver a dormirme, decidí hacer algo diferente. Me dije: «Voy a permitirme sentir lo que estoy sintiendo sin ofrecer resistencia». Durante los siguientes cuarenta y cinco minutos más o menos, presté mucha atención a los temores y ansiedades que aparecían en mi cuerpo. Sentí que el corazón me palpitaba como un tambor, y dije que sí a esa experiencia. Sentí tensión en el estómago, el pecho y la garganta; respiré en dicha tensión y sentí que se diluía un poco. Fui consciente de los pensamientos del tipo: «Hay mucho que hacer» y dejé que se fueran. Practiqué cabalgar las olas de las sensaciones y emociones, y dije que sí a cada ola. Cuanto más abierto estaba a las olas de las sensaciones, los sentimientos y las emociones, más las experimentaba como olas de experiencia: eran algo más impersonal; tenían que ver menos conmigo y eran más una reacción humana habitual frente a la presión y el estrés. Cuando pasaba una ola, experimentaba un período de tranquilidad antes de que llegase la siguiente. Y a medida que fue pasando el tiempo y fui diciendo que sí a mi experiencia directa, las olas cesaron y yo descansé en un estado de profunda paz y bienestar.

En los capítulos anteriores he presentado habilidades y prácticas que pueden ayudarte a permanecer abierto a tu experiencia (por medio de esclarecer tus intenciones, decir sí a tu experiencia, desarrollar la recta atención y cultivar actitudes del corazón y la mente que estimulan la toma de conciencia). En este capítulo voy a hablar de formas de llevar el mindfulness a las experiencias que son particularmente difíciles e intensas.

Las prácticas de mindfulness de este libro te invitan a permanecer abierto a tu experiencia (tanto a las alegrías como a las penas) y a experimentar la libertad y el bienestar que son el fruto de estar totalmente abierto a la vida, en lugar de huir a los hábitos para evitar lo desagradable.

Pero ¿cómo se trabaja con las emociones, los deseos y los impulsos que son tan fuertes que el cerebro se niega a permanecer con la experiencia? Por ejemplo, ¿cómo puede ayudarte el mindfulness a responder de forma inteligente y benevolente en las siguientes situaciones?:

- Estás caminando por una calle tranquila, disfrutando del sol, cuando de repente pasa un coche petardeando fuertemente. Eres un veterano de guerra y tu instinto es el de reaccionar como si fuera zona de fuego. Aunque sabes que ya no estás en una zona de combate, tu cerebro superviviente es presa del pánico y te dice: «¡Haz algo! ¡Sal de aquí!».
- Estás recuperándote de tu adicción a las drogas o al alcohol o hace poco que has dejado de fumar, y sientes un deseo intenso. Sabes que ceder al impulso será perjudicial y reforzará el hábito o la adicción, y sin embargo te resulta muy difícil resistirte a él.
- Estás en una conversación tensa con un familiar o un amigo, cuando dice algo que te toca la fibra sensible. Te sientes a la defensiva y experimentas el impulso repentino de atacarlo verbalmente.

Siempre que un deseo o un ansia se ve activado (por un entorno específico, un momento o lugar determinado o ciertos sentimientos), el cerebro te envía este mensaje: «Debo tener _____ para sentirme mejor» o «Será terrible si no tengo _____».

A causa del hábito, con el tiempo, has llegado a asociar conseguir o tener lo que anhelas con sentirte bien, incluso aunque sepas, en el fondo, que el deseo conduce al sufrimiento y que el hecho de conseguir lo que quieres no te proporcionará la verdadera felicidad. Tu primitivo cerebro superviviente, del que hablé en el capítulo 2, te está mandando un mensaje urgente: que tomes medidas. Y el mensaje más sabio de la corteza prefrontal, el que dice que eso no es saludable o útil, sonará menos convincente y puede ser que no prevalezca si no estás prestando atención. Lo que Walter Mischel llama el sistema cerebral caliente puede subyugar fácilmente al sistema cerebral frío, que se encarga del procesamiento racional, más lento (Mischel, 2014).

Del mismo modo, si sientes una emoción fuerte (miedo, por ejemplo), el mensaje característico del cerebro superviviente es el de hacer algo (luchar, huir o permanecer inmóvil) y no el de abrirse a la emoción. Así, por ejemplo, si tienes el hábito de experimentar miedo cada vez que sientes que el mundo te está exigiendo demasiado, cuando surge esa emoción puede ser difícil para ti observarla simplemente como una energía impersonal que viene y se va.

Una práctica de mindfulness que puede ayudarte a la hora de trabajar con las emociones e impulsos fuertes es aprender a montar las olas de la experiencia, o «surfear el impulso». Esta práctica implica comprender la naturaleza temporal de las emociones y los estados mentales y aprender a abrirse a los muchos aspectos de la experiencia directa (las sensaciones, emociones, pensamientos y deseos) sin actuar a partir de ellos.

Puede ser difícil experimentar un deseo o emoción fuerte sin actuar a partir de ello o reprimirlo. A veces, la razón de esto es la creencia de que si no se hace algo, la sensación o emoción va a durar para siempre. Pero por más abrumadora que pueda parecer el ansia o la emoción, esto no es cierto. A diferencia de los estados de ánimo, que pueden prolongarse durante horas, las emociones «duran más bien minutos o segundos» (Ekman, 1994, 56). Si entiendes que las emociones (así como los pensamientos, los impulsos y las sensaciones) están ahí solamente durante un rato, esto puede animarte a experimentarlas.

La poetisa Anne Morrow Lindbergh ha dicho esto del dolor físico:

> Ve con el dolor; deja que te lleve... Abre tus palmas y tu cuerpo al dolor. Se presenta en olas como una marea, y tú debes estar abierto como un barco varado en la playa, dejando que te llene y que luego, al retirarse, te deje vacío y claro. Con una respiración profunda (tiene que ser tan profunda como el dolor), uno llega a una especie de libertad interior respecto al dolor, como si el dolor no fuese de uno, sino de su cuerpo. El espíritu pone al cuerpo en el altar (citado en Kornfield, 2008, 114).

La historia de Sarah

Sarah era una estudiante de una de mis clases sobre la reducción del estrés basada en el mindfulness. Nos contó que un día, mientras se estaba acomodando para una práctica de meditación y llevando la atención al cuerpo, advirtió un hormigueo en la piel que era extrañamente similar a una sensación que ella asociaba con el pánico. De hecho, parecía que el hormigueo estaba desencadenando sentimientos de pánico.

Sarah había experimentado un ataque de pánico solo una vez antes, pero recordaba lo suficiente esa experiencia y sus secuelas como para reconocer lo que estaba ocurriendo. De modo que utilizó algunas prácticas de mindfulness para ayudarse a gestionar los siguientes minutos.

—Vi en mi mente y mi cuerpo los síntomas de un ataque de pánico en ciernes. Reduje conscientemente la respiración y puse una sonrisa en mis labios. Respiré y estuve atenta durante unos quince o treinta segundos, diciendo para mis adentros: «Esto no son más que pensamientos y sensaciones». Después me dije: «Siento que estoy entrando en un ataque de pánico, pero mi conciencia no es presa del pánico». No eran tan solo palabras de ánimo; era la verdad. Lo que fuera que estuviese observando a ese ataque de pánico lo estaba haciendo desde un espacio de calma. Con esta declaración, elegí identificarme con la conciencia en lugar de hacerlo con el pánico.

Como resultado de esta comprensión, el ataque de pánico remitió rápidamente y Sarah sintió una sensación de triunfo y alivio.

La experiencia regresó en otros momentos ese día y durante los meses siguientes. En cada ocasión, la ansiedad amainaba cuando Sarah la sostenía en su conciencia, igual que había hecho la primera vez. A veces quería evitar meditar, por miedo a que la ansiedad apareciera sin previo aviso. Pero entonces recordaba que en el contexto de la meditación, en que uno está sentado viendo su mente, hay menos ocasión de que algo lo pille por sorpresa.

La clave para surfear las olas de una experiencia desafiante consiste en descansar en la conciencia que, como describió Sarah, está viendo la experiencia (el pánico, el miedo, la ira, el deseo u otra sensación difícil) desde «un espacio de calma». La conciencia no es presa del pánico o del miedo, sino que está observando las sensaciones que llamamos «pánico» o «miedo». Para encontrar la libertad y la paz en medio de las tormentas y turbulencias de la vida, recuerda que las olas (de la emoción, el deseo, etc.) son impermanentes. No forman parte de ti; son energías impersonales que van y vienen. Puedes trabajar con ellas y encontrar la libertad por medio de descansar en tu conciencia y realizar prácticas que te ayuden a cabalgar las olas.

Puedes realizar la siguiente meditación cuando trabajes con un deseo fuerte u otros impulsos o emociones difíciles.

PRÁCTICA 11: montar las olas de una experiencia intensa

Siéntate en una postura cómoda y relajada, con la espalda recta, los hombros sueltos y los ojos suavemente cerrados. Si prefieres mantener los ojos abiertos, mira delante de ti con una mirada suave, desenfocada.

Haz algunas respiraciones profundas. Invita a tu cuerpo y tu mente a calmarse al inhalar y a liberar tensión al exhalar.

Lleva la conciencia al cuerpo. Desplazando la atención hacia abajo, invita a que cualquier zona de tensión (los músculos faciales, los ojos, los hombros, el pecho, el vientre...) se relaje.

Siéntate en actitud relajada y alerta.

Evoca un momento en que sentiste un deseo fuerte de algo que sabías que no era saludable o una opción inteligente. O recuerda un momento en que sentiste una emoción fuerte que experimentaste como difícil o dolorosa (empieza con una situación que fuese moderadamente difícil, y no con una que fuese muy intensa). Ábrete a lo que estés experimentando; comprométete a permanecer con tus sensaciones tal como se presenten, en lugar de alejarlas o ceder al impulso, la emoción o el deseo.

Lleva la conciencia a las sensaciones corporales y siente lo presente. Por ejemplo, si sientes rigidez o tensión en el pecho, ábrete a ello y respira en esas sensaciones; acéptalas (diles «sí» mentalmente, si esto te ayuda). Presta mucha atención a las sensaciones y observa si cambian. ¿Se hacen más fuertes o más débiles? ¿Desaparecen durante un tiempo? ¿Se transforman en otro tipo de sensaciones? Por ejemplo, ¿se convierte la rigidez, lentamente, en palpitaciones? ¿Puedes experimentar estas sensaciones como olas que suben, llegan a un pico y después descienden?

Lleva el mismo tipo de atención acogedora a la energía de las emociones fuertes (miedo, tristeza, ira...) o de las sensaciones de deseo. Observa cómo estas energías también van y vienen, suben y bajan, llegan a un pico y descienden, a menudo trayendo consigo fuertes impulsos a los que posiblemente hayas respondido cediendo a ellos o resistiéndote a una emoción dolorosa. Si te resulta útil, visualiza los impulsos, deseos o emociones intensos como olas, y obsérvate surfeando dichas olas.

Lleva la atención a tus pensamientos, y observa cómo estos también van y vienen si no actúas a partir de ellos. Continúa cabalgando las olas de estas experiencias difíciles, aceptando todo lo que surja. Puedes seguir con esta práctica durante un tiempo determinado, unos diez o quince minutos, o, si lo prefieres, continúa hasta que te sientas listo para poner fin a la meditación. A continuación, abre los ojos y lleva tu atención de nuevo a tu entorno.

También puedes montar las olas del deseo o las emociones difíciles en cualquier momento en que te halles en medio de una experiencia problemática o dolorosa, si puedes hacer una pausa en medio de lo que estás haciendo y tomarte unos momentos de tranquilidad para abrirte a tu experiencia directa de la forma que he esbozado.

La siguiente práctica de meditación procede de la experiencia somática, un enfoque mente-cuerpo para curar el trauma desarrollado por Peter Levine (Levine, 1997). Esta meditación puede ser particularmente útil en cualquier momento en que estés trabajando con experiencias que te parezcan demasiado dolorosas o intensas como para permanecer con ellas. El enfoque de la experiencia somática (en el cual esta meditación es solo un elemento importante) proporciona maneras hábiles de abrirse a las experiencias intensas cuando se manifiestan en el cuerpo, pero se conduce la conciencia a una experiencia de mayor paz, calma o bienestar antes de que dichas experiencias se vuelvan abrumadoras. La clave es llevar conscientemente la atención a un «recurso» (un lugar de tranquilidad, seguridad o mayor paz, como una agradable sensación corporal, un recuerdo positivo o la imagen de un ser querido) y luego, a partir de ese espacio de mayor equilibrio y resiliencia, volver a llevar suavemente la conciencia a la experiencia intensa. El hecho de hacer bascular suavemente la atención hacia atrás y hacia delante (a lo cual se llama «efecto péndulo» en la experiencia somática) entre el «recurso» y la experiencia desafiante puede ayudar a liberar las energías almacenadas de traumas que quedaron atrapadas en el cuerpo. También puede ser una práctica muy útil para trabajar con experiencias no traumáticas pero intensas.

PRÁCTICA 12: entrar y salir de experiencias intensas

Empieza esta meditación de la misma forma que la meditación de «montar las olas»: dedicando un poco de tiempo a asentarte en una postura cómoda, relajada y alerta.

Tómate unos momentos para traer a tu mente algo de tu vida o de tu experiencia directa que sientas como una fuente de apoyo o un refugio (algo o alguien que, al pensar en ello, te aporte una sensación de paz, conexión, fuerza o bienestar). Puede ser un lugar donde solías ir de vacaciones que te trae recuerdos agradables y apacibles; un querido miembro de la familia, amigo, mentor o animal doméstico; tus creencias o prácticas espirituales; o cualquier otra cosa que te aporte una sensación de paz, bienestar o apoyo. Permítete experimentar lo que sientes en el cuerpo y las emociones al evocar a esta persona o experiencia especial (este «recurso», como se dice en terapia). Siéntete acogido y apoyado. Si te es difícil encontrar un recurso positivo, trata de localizar una sensación neutra (por ejemplo, sensaciones en los pies, las posaderas o las manos).

Si actualmente estás lidiando con algo traumático o difícil que te despierta sentimientos intensos o dolorosos, invita a que estos sentimientos hagan acto de presencia con actitud benevolente y amistosa; después lleva la atención al cuerpo. ¿Qué sientes en el cuerpo? ¿Dónde lo sientes? Si se trata de opresión en el pecho y la garganta, permanece totalmente abierto a estas sensaciones. Imagina sus detalles: ¿tienen una forma, un color, una textura? ¿Cómo es la zona que hay alrededor de estas sensaciones de opresión? Explora tus sensaciones corporales, con curiosidad y benevolencia. Observa cómo cambian y se mueven, cómo vienen y se van. Haz lo mismo con tus emociones y pensamientos. Puedes descubrir que cuando llevas la atención, de forma benevolente e íntima, a la experiencia dolorosa o difícil, las emociones difíciles vienen y se van por sí mismas.

Sin embargo, si la experiencia se vuelve intensa y te resulta demasiado duro permanecer enfocado en tus sensaciones corporales, emociones o pensamientos, piensa suavemente en tu «recurso» y descansa en la sensación de tranquilidad, paz, bienestar o conexión que surge cuando lo haces. Permanece con estos sentimientos durante tanto tiempo como necesites para recuperar el equilibrio. Luego, cuando estés listo, vuelve a dirigir la atención, con suavidad, a la experiencia intensa. Observa lo que sientes al volver a llevar la atención a la dificultad y toma conciencia de lo que puede haber cambiado. Encuentra el lugar en que las emociones eran más intensas y acógelo con ese sentimiento de paz, resiliencia o bienestar. Haz esto durante quince minutos o hasta el final del tiempo de meditación.

Puedes utilizar esta práctica de moverte suave y sucesivamente entre la experiencia intensa y tu «recurso» como una forma de abrirte plenamente a las energías subyacentes que están activando las emociones fuertes, y a continuación permitir que se disipen. También puedes utilizar esta práctica siempre que surjan espontáneamente experiencias difíciles o intensas en el transcurso de la meditación o en la vida diaria.

Montar las olas de las emociones, los impulsos y los antojos. Recapitulación

Siempre que llevamos la conciencia, intencionadamente, a nuestra experiencia directa con benevolencia, curiosidad y aceptación, nuestra experiencia cambia. Como dijo el maestro espiritual Krishnamurti: «Si empiezas a entender lo que eres sin tratar de cambiarlo, lo que eres experimenta una transformación».

A veces, sin embargo, podemos encontrarnos con sentimientos, emociones y sensaciones a los que es muy difícil estar abierto (pánico, miedo, deseos muy fuertes, adicciones, emociones dolorosas...). Hay unas prácticas específicas de mindfulness que pueden ser muy útiles para forjar las habilidades necesarias para trabajar con estas situaciones intensas.

Una clave para la transformación de las experiencias intensas es saber que no eres tus experiencias corporales, tus emociones, tus deseos o tus pensamientos. Por ejemplo, en lugar de estar enojado (y de estar atrapado en la historia de lo que te llevó a estar enojado), puedes ser consciente de tu enojo; en vez de estar triste, puedes ser consciente de tu tristeza. Puedes observar tu experiencia sin verte arrastrado por ella o identificarte completamente con ella.

Si eres capaz de aprender a «surfear las olas» de las experiencias intensas y a estar abierto a las sensaciones, emociones y pensamientos que las acompañan, verás que incluso los momentos más difíciles tienen una duración limitada: vienen, se quedan un tiempo y luego pasan. Esta comprensión puede traerte una gran paz y libertad.

CAPÍTULO 9

TOMAR LO BUENO: CULTIVAR EMOCIONES QUE CONTRIBUYEN AL BIENESTAR Y LA FELICIDAD

Que todos los seres sean felices. Que puedan vivir con seguridad y alegría.

EL BUDA

Cuando quieres satisfacer una necesidad de alivio, seguridad o bienestar, o evitar una sensación desagradable, como el miedo, la soledad o la tristeza, encuentras los mejores medios disponibles para apaciguar los sentimientos difíciles o conseguir lo que crees que necesitas. Es posible que te refugies en el alcohol, las drogas, los cigarrillos, las compras, la actividad sexual, Internet u otras múltiples formas de encontrar alivio a corto plazo. Como ya sabes ahora, si ejecutas este comportamiento en repetidas ocasiones y en circunstancias similares, se puede convertir en un hábito no saludable. Los hábitos son difíciles de cambiar, pero la atención consciente puede ser un camino vital hacia el abandono de los hábitos no deseados y el desarrollo de otros más beneficiosos.

Otra habilidad que nos ayuda a armonizar nuestras vidas con nuestros valores e intenciones es el cultivo de emociones y estados de ánimo beneficiosos. Estos incluyen el contento, la alegría, la paz, la compasión y el amor benevolente, todo lo cual conduce al bienestar y ayuda a limitar el impacto de las emociones y estados mentales de aflicción.

A lo largo del libro me he referido a las emociones como no intrínsecamente «buenas» o «malas», «positivas» o «negativas», sino más bien como unas respuestas naturales a condiciones y situaciones cuyo impacto depende de la forma en que se abordan. Por lo tanto, aunque la gente suele pensar que la ira es una emoción negativa, si acogemos su energía con atención plena y compasión por nosotros mismos, no tiene por qué tener un efecto negativo; sencillamente puede venir e irse, como un potente fenómeno atmosférico que esté pasando. La ira también puede ser una llamada a la acción apropiada (por ejemplo, cuando respondemos con sabiduría y compasión a una injusticia de la que somos testigos). Lo mismo puede decirse de otras emociones difíciles, tales como la vergüenza, la culpa, la tristeza y el miedo.

Y, al contrario, las emociones que pensamos que son positivas pueden tener consecuencias dolorosas si no las abordamos con atención plena y sabiduría. La alegría puede convertirse en euforia sin sentido. El amor sin conciencia puede conducir a la avidez o al apego desordenado. La ecuanimidad puede transformarse en indiferencia o desconexión.

Las emociones son señales para responder a los eventos o a las situaciones (o al propio pensamiento). Las llamadas emociones negativas, que tienen sus orígenes en millones de años de evolución, fueron cruciales para la supervivencia de nuestros antepasados (Hutson, 2015). El miedo, que surge como respuesta a las amenazas que percibimos, activa el cuerpo y la mente para que escapemos del peligro o nos protejamos. La ira nos motiva a tomar medidas para proteger nuestro bienestar. La vergüenza y la culpabilidad nos estimulan a ser conscientes de nuestra situación y de nuestras acciones y a responder de manera apropiada.

El miedo, la ira, la vergüenza y la culpa son por lo tanto emociones extremadamente valiosas cuando las tomamos como señales útiles. Pero cuando respondemos a estas emociones difíciles de maneras torpes, las consecuencias pueden ser negativas, incluso si las propias emociones no lo son. Por lo tanto, si alguien actúa de una manera que te hace enojar y tú respondes con una historia acerca de lo terrible que es esa persona, tal vez agravando esa historia con temores acerca de otros daños que podría infligirte, puedes justificar el hecho de hacer daño a esa persona para protegerte. Esto lo vemos en el curso de la historia siempre que grupos y líderes han llamado a atacar a los demás como una forma de responder a los miedos, desencadenando así un gran sufrimiento evitable.

Una situación atemorizante que se transforma en la historia mental de que eso mismo tal vez suceda otra vez puede conducir a la ansiedad crónica o al estrés postraumático. La culpa o la vergüenza pueden conducir a la impotencia, la depresión o la autolesión, si no se abordan conscientemente. La clave está en la forma de responder.

Una diferencia importante entre las emociones que a menudo se denominan «negativas» (miedo, ira, vergüenza, tristeza...) y las que normalmente se conocen como «positivas» (alegría, amor, satisfacción...) es que las primeras estrechan nuestra visión, mientras que las segundas amplían el abanico de opciones. El hecho de poner la atención, conscientemente, en las emociones que amplían el abanico de opciones puede ayudarnos a trabajar hábilmente con las emociones difíciles que constriñen nuestra visión. En concreto, este es el caso cuando trabajamos con la ira, la tristeza y el miedo, que a menudo desencadenan hábitos perjudiciales o no saludables.

Barbara Fredrickson, psicóloga de la Universidad de Carolina del Norte y experta en el campo de la psicología positiva, ha demostrado este principio. Aunque no comparto su uso de los términos *positivo* y *negativo* para describir las emociones (por las razones que ya hemos visto), su investigación arroja resultados convincentes, y voy a emplear sus términos al referirme a ella.

Fredrickson y sus colegas demostraron, en sus estudios, que el hecho de activar emociones positivas permitía a los individuos anular los efectos cardiovasculares de las emociones negativas. En uno de ellos, se mostró a los participantes un fragmento de película que suscitaba miedo, lo cual les provocó un aumento de la actividad cardiovascular (se les midió la frecuencia cardíaca, la presión arterial y otros parámetros). Los sujetos que vieron después un segundo fragmento de película pensado para suscitar emociones positivas (en contraposición a uno concebido para suscitar tristeza y otro que no estaba pensado para suscitar ninguna emoción) fueron los que mostraron una recuperación cardiovascular más rápida, lo cual apoyaba la hipótesis de que las emociones positivas cancelan las emociones negativas (Fredrickson y Levenson, 1998).

Fredrickson llega a la conclusión de que cultivar las emociones positivas puede contrarrestar el efecto constreñidor de las emociones negativas. Ambas son fundamentalmente incompatibles. Como describe, el «repertorio de pensamiento-acción» de un individuo no puede ser a la vez estrecho y amplio, y esta incompatibilidad explica el efecto cancelador de las emociones positivas (Fredrickson, 2000).

Las implicaciones del trabajo de Fredrickson y sus colegas son significativas en cuanto a la transformación de los hábitos nocivos. Muy a menudo, cuando estamos experimentando una emoción, un estado anímico o un estado mental doloroso, nos vemos atraídos por los patrones de comportamiento no saludables. Cuando nos sentimos tristes, solos, enojados o temerosos, es muy fácil que tendamos a la forma más fácil o accesible de aliviarnos, pero por lo general esto no será lo mejor para nosotros a largo plazo o lo que reflejará nuestras intenciones más profundas.

Las enseñanzas budistas avalan lo que descubrió Fredrickson en sus investigaciones. Por ejemplo, el cultivo del amor benevolente es un antídoto para la ira y el odio, y la inspiración es un antídoto para la duda. He aquí algunas maneras en que puedes responder a las emociones y los estados mentales difíciles con emociones que extiendan tus opciones:

- Si te sientes aburrido o indiferente (de modo que acaso eres propenso a distraerte por medio de pasar mucho tiempo en Internet), empieza por abrirte totalmente a la experiencia del «aburrimiento»: ¿cómo lo sientes en el cuerpo? ¿Cuáles son los pensamientos y creencias que te pasan por la mente? Acoge tu experiencia con auténtica aceptación, reconociendo lo que está presente y permitiendo que sea tal como es.

A continuación, invítate a tener una actitud de interés y curiosidad hacia los sentimientos difíciles y hacia el conjunto de tu experiencia. Haz bascular tu mente hacia el interés, la investigación y la curiosidad y observa cómo se despliega tu experiencia.

- Si estás agitado o inquieto y te sientes impulsado a manifestar un hábito de acción, a anticipar el futuro o a aliviar estas sensaciones incómodas de una manera no saludable, ábrete a lo que estás sintiendo con plena aceptación. Después, cuando estés listo, evoca una imagen de paz. Recuerda una vez en que te sentiste en calma y en paz, y envíate este deseo: «Que pueda estar en paz... Que pueda vivir tranquilo». Cultiva la paz o la calma como un antídoto a la inquietud o la agitación.

- Si te sientes triste o deprimido y te invade el tirón del hábito de comer, beber o distraerte, acoge estos sentimientos y pensamientos asociados con aceptación y benevolencia. Después, cuando estés listo, invita a que sentimientos de alegría y felicidad entren en tu corazón y en tu mente. Puedes evocar una ocasión en que te sentiste feliz y alegre. Puedes pensar en alguien que te evoque estos sentimientos o reflexionar sobre todo aquello que tienes en tu vida por lo que estar agradecido. Permite que estos sentimientos de gozo surjan de forma natural.

- Si te sientes enojado o temeroso y experimentas el impulso de decir o hacer algo dañino para ti mismo o para otra persona, o de calmarte de una manera no saludable, acoge los sentimientos de ira o miedo con benevolencia y aceptación. Cuando te sientas preparado, dirige la mente hacia la bondad o la compasión. Si estás reaccionando a algo desagradable o desconsiderado que ha dicho o hecho un amigo o familiar, empieza por acoger tu propia experiencia con benevolencia y compasión. Reconoce el dolor que estás experimentando por medio de ponerte la mano sobre el corazón y decir: «Me preocupo por este sufrimiento», o mándate un deseo compasivo a ti mismo, tal como: «Que pueda estar libre del dolor y el sufrimiento». Cuando te sientas preparado (si llegas a sentirte preparado), puedes reflexionar sobre los deseos de la otra persona de ser feliz y sobre las condiciones presentes en su vida que pueden haber dado lugar a su comportamiento desagradable o desconsiderado, y a continuación enviarle buenos deseos: «Que seas libre del dolor y el sufrimiento» o «Que seas feliz». Continúa con esta práctica durante el tiempo que sientas que te resulta útil.

Una de las cosas más importantes que se deben tener en cuenta a la hora de cultivar las emociones beneficiosas y expansivas como antídoto a las emociones o estados mentales dolorosos es que no estamos haciendo eso para evitar o negar los sentimientos difíciles, resistirnos a ellos o huir de ellos en modo alguno. Resistirnos a la experiencia allana el camino para que las emociones y los estados mentales difíciles persistan. Llevar las emociones como la alegría y la satisfacción a los sentimientos dolorosos como el miedo y la ira es más parecido a crear un espacio circundante de paz, tranquilidad, benevolencia o amor en el que se puede acoger el sentimiento difícil o permitir que se disuelva.

Exploraremos a continuación dos prácticas bien asentadas que, como han demostrado estudios científicos recientes, reducen el estrés y la ansiedad de las personas y mejoran su bienestar y su calidad de vida. Estas prácticas son el amor benevolente y la autocompasión.

EL AMOR BENEVOLENTE

La práctica del amor benevolente tiene sus orígenes en las enseñanzas del Buda como una forma de mitigar el miedo y la ira, así como de cultivar sentimientos de amabilidad, bondad y felicidad hacia todos los seres. En la historia budista de los orígenes de la meditación del amor benevolente, un grupo de monjes fue al bosque a meditar. Los espíritus del bosque percibieron su intrusión y emitieron sonidos amedrentadores y olores detestables que desconcertaron en gran medida a los monjes, quienes acudieron al Buda y le pidieron meditar en un lugar más tranquilo. El Buda lo descartó, pero les enseñó la práctica del amor benevolente. Cuando los monjes volvieron al bosque, los espíritus sintieron su amor y amabilidad y les dieron la bienvenida y los protegieron.

Sharon Salzberg, destacada profesora de meditación, comentó esta historia sobre los orígenes de la práctica del amor benevolente:

El significado interno de la historia es que en una mente llena de miedo aún puede penetrar la cualidad del amor benevolente. Por otra parte, una mente que está saturada de amor benevolente no puede verse superada por el miedo; incluso en caso de surgir el miedo, no va a dominar a una mente como esa (Salzberg, 1995, 21).

El amor benevolente es una cualidad descrita como «ilimitada» e «inconmensurable» porque, con entrenamiento, no hay límite a la benevolencia y el amor que uno puede sentir por sí mismo y los demás y tampoco lo hay en cuanto a quienes podemos incluir en nuestros deseos e intenciones.

El amor benevolente es una de las cuatro cualidades que en budismo se llaman «moradas divinas» (o nuestro mejor hogar, nuestro hogar natural). Las otras cualidades son la compasión (la respuesta de un corazón abierto y amoroso al sufrimiento de otro o de uno mismo), la alegría empática (estar feliz con la felicidad de otra persona) y la ecuanimidad (la imparcialidad y el equilibrio de la mente ante el dolor y el placer, las alegrías y las tristezas y todas las vicisitudes de la vida).

Estas cualidades del corazón abierto surgen naturalmente cuando los estados mentales de dolor o aflicción no están presentes. Cuando abandonamos estados dolorosos como la ira y la codicia, nos abrimos a nuestra bondad natural y nuestra naturaleza amorosa. También se pueden cultivar estas cualidades por medio de desear conscientemente el bien para uno mismo y para los demás.

La práctica consiste en desear de manera intencionada el bienestar de todos los seres vivos, lo cual se expresa en frases como: «Que yo/tú/todos los seres nos encontremos a salvo, seamos felices y estemos sanos». Tradicionalmente, la práctica comienza con el envío de deseos de seguridad, felicidad y bienestar hacia uno mismo («Que yo sea feliz»), ya que es muy difícil desear realmente felicidad a los demás si uno está cerrado a hacia sí mismo o es autocrítico. A continuación se incluye a los amigos cercanos y a los seres queridos, a las personas que no nos suscitan ningún sentimiento en particular, a los individuos con los que tenemos un trato difícil y finalmente a todos los seres vivos. Al abrir el corazón a aquellos por quienes nos es más fácil sentir bondad y cariño podemos desarrollar la capacidad de desear el bien a las personas más difíciles presentes en nuestras vidas.

Puedes utilizar palabras, imágenes y sentimientos para invitar a que las cualidades de la benevolencia y la amabilidad surjan en tu interior. Sin embargo, no es necesario que te sientas bondadoso o afectuoso al hacer esta práctica; es suficiente con que tengas la intención de desearte el bien a ti mismo y desearlo a los demás. Al hacer esto, estás plantando semillas de bondad y amor, pero no puedes predecir cuándo van a florecer. Y si surgen emociones negativas (por ejemplo, fastidio, frustración o ira), acógelas con benevolencia y sigue enviando buenos deseos.

PRÁCTICA 13: meditación del amor benevolente

Empieza por encontrar una postura cómoda y relajada, ya sea en una silla o banqueta, sobre un cojín o acostado. Suelta los planes y recuerdos que puedas estar contemplando y permítete estar aquí. Toma dos o tres respiraciones profundas; percibe cómo el aire inspirado se mueve por el pecho y la zona del corazón.

Empieza contigo mismo: repite en silencio las frases siguientes, o utiliza tus propias palabras o frases que mejor expresen tus deseos hacia ti mismo:

- Que esté a salvo y libre de cualquier daño.
- Que sea feliz.
- Que esté sano y bien.
- Que viva tranquilo.

Mientras repites las frases, sostén una imagen de ti mismo en tu mente y tu corazón, deseándote el bien. Si surgen sentimientos positivos o agradables en tu cuerpo o en tu mente, acógelos y aprécialos; permite que aumenten mientras repites las frases.

Si aparecen sentimientos de resistencia, acógelos con amabilidad y benevolencia. Puedes ponerte la mano sobre el corazón y reconocer la resistencia o la emoción difícil. Si no te resulta fácil desearte el bien, puedes evocar una imagen de ti mismo como un bebé o un niño pequeño, que quiere sentirse a salvo, amado y feliz, y continuar enviándote deseos de amor benevolente. Recibe todo lo que surja con ánimo bondadoso y acogedor.

Después de dirigir el amor benevolente hacia ti mismo, trae a tu mente a un amigo cercano o a un ser querido (alguien que se haya preocupado profundamente por ti) y permite que su imagen entre en tu corazón y en tu mente. Repite lentamente las frases del amor benevolente para esta persona, como si se las estuvieras diciendo a ella:

- Que estés a salvo y libre de cualquier daño.
- Que seas feliz.
- Que estés sano y bien.
- Que vivas tranquilo.

Mientras repites estas frases, recibe y experimenta cualquier sentimiento que se presente. Utiliza las palabras, las imágenes de tu mente y los sentimientos que surjan para hacer más profunda tu intención de desear el bien a este amigo o ser querido.

Cuando te sientas preparado, amplía tu campo de amor benevolente hacia el exterior. Primero incluye a otros amigos y conocidos; después a las personas que no conoces; a continuación, a aquellos con quienes tienes alguna dificultad o conflicto; luego a quienes están cerca de ti y quienes están lejos, incluidas las criaturas del aire, la tierra y el agua, y, finalmente, a todos los seres.

La meditación del amor benevolente es más un arte que una fórmula establecida. Puedes usar cualesquiera palabras, sentimientos, imágenes y prácticas que permitan que tu corazón se abra a ti mismo y a los demás. Esto puede incluir empezar con un ser querido y enviarte después deseos de bondad a ti mismo. O puedes soltar por completo las palabras y permanecer solamente con las intenciones y los sentimientos.

Te recomiendo que practiques la meditación del amor benevolente durante quince minutos al día o tan a menudo como puedas y que extiendas progresivamente su duración hasta treinta minutos o más. También puedes llevar la práctica a tu vida diaria: puedes enviar deseos de amor benevolente y bienestar a tus compañeros de viaje cuando te halles a bordo de un autobús, un tren o un avión, o a un compañero de trabajo que te saque de tus casillas.

En los últimos años se han llevado a cabo estudios científicos que han demostrado que la meditación del amor benevolente presenta beneficios significativos. Emma Seppälä, del Centro para la Investigación y Educación en Compasión y

Altruismo de la Universidad de Stanford, destacó dieciocho razones basadas en la ciencia que harían recomendable probar a realizar la meditación del amor benevolente (Seppälä, 2014). He aquí algunos ejemplos:

- Personas que practicaron la llamada meditación del amor benevolente vieron aumentadas sus emociones positivas, las cuales, a su vez, provocaron un incremento de sus recursos personales, por ejemplo, más propósito en la vida, más apoyo social y disminución de los síntomas de enfermedad (Fredrickson *et al.*, 2008).

- Veinte minutos de práctica de la meditación del amor benevolente dieron lugar a una disminución del 33% del dolor y a una reducción del 43% de la tensión emocional entre participantes que padecían migraña crónica (Tonelli y Wachholtz, 2014).

- Un estudio llevado a cabo con personas con lumbago crónico mostró reducciones significativas de su dolor, enojo y angustia psicológica tras haber participado en un programa de amor benevolente de ocho semanas (Carson *et al.*, 2005).

- Un programa de doce semanas de meditación en el amor benevolente redujo significativamente los síntomas de depresión y trastorno de estrés postraumático entre veteranos de guerra a quienes se les había diagnosticado (Kearney *et al.*, 2013).

- Un estudio piloto llevado a cabo con individuos con trastornos del espectro esquizofrénico encontró que la meditación del amor benevolente aparecía asociada con una disminución de los síntomas de la esquizofrenia, un incremento de las emociones positivas y una recuperación psicológica (Johnson *et al.*, 2011).

- Otros estudios han relacionado la meditación del amor benevolente con una mayor relajación y un menor estrés (Law, 2011); un aumento de la empatía (Klimecki *et al.*, 2013); una disminución de los prejuicios contra las minorías (Kang, Gray y Dovido, 2014) y menos signos de envejecimiento en las mujeres (Hoge *et al.*, 2013). También mostraron que incluso unos pocos minutos de esta meditación incrementaban los sentimientos de conexión social y una actitud positiva hacia los extraños (Hutcherson, Seppälä y Gross, 2008).

LA AUTOCOMPASIÓN

Una de las cualidades más importantes que pueden cultivarse para ayudar a cambiar los patrones de los hábitos no saludables y desarrollar otros más útiles es la autocompasión, la cualidad de recibir la propia experiencia con benevolencia y sin juicios reconociendo al mismo tiempo que las propias dificultades forman parte del sufrimiento que compartimos todos los seres humanos. El interés por la autocompasión ha crecido de forma espectacular en los últimos años, a medida que las investigaciones han demostrado los beneficios de la compasión hacia uno mismo y los demás. En 2009, Google Académico informaba de treinta y siete mil quinientas citas académicas que contenían el término compasión, incluidas en publicaciones. En 1990, el resultado era de menos de 5.000. (Jazaieri *et al.*, 2014, 23-24)

Si te sientes empujado a manifestar un hábito (por ejemplo, acceder a algo para satisfacer un impulso o acudir a una distracción), la práctica de la autocompasión te invita a cultivar sentimientos de benevolencia hacia ti mismo y a abordar tu experiencia sin emitir juicios, sino reconociendo que no eres el único que experimenta esos sentimientos y deseando aliviar tu propio sufrimiento.

La autocompasión también puede ayudarte a responder de manera constructiva frente a las «recaídas», o cuando regresas a los viejos hábitos. Por ejemplo, si estás tratando de dejar de fumar y fumas un cigarrillo bajo condiciones de estrés, puedes sentirte crítico contigo mismo, pero también puedes optar por responder a la recaída con autocompasión y comprometerte a no ceder al impulso la próxima vez que tengas la tentación de fumar.

Kristin Neff, profesor de la Universidad de Texas, en Austin, y escritor e investigador destacado sobre la autocompasión, afirma que esta implica tres componentes clave:

1. La *autobenevolencia*: ser amable y comprensivo contigo mismo en lugar de crítico y enjuiciador.
2. Reconocer tu *humanidad compartida*: sentirte conectado con los demás en lugar de aislado y alienado.
3. El *mindfulness*: acoger tu experiencia con conciencia en lugar de identificarte con ella o evitarla.

Neff ha desarrollado una escala que mide la capacidad del individuo de tratarse a sí mismo con compasión, a partir de respuestas a preguntas relacionadas con estos tres componentes clave.

Utilizando la escala de Neff (llamada escala de la auto-compasión), los estudios han revelado que niveles más altos de compasión estaban asociados con niveles más bajos de problemas de salud mental. Una revisión de veinte estudios que se llevaron a cabo con 4.007 participantes encontraron «evidencia empírica de [...] la importancia de la autocompasión para el desarrollo del bienestar, la reducción de la depresión y la ansiedad y el aumento de la resistencia al estrés» (MacBeth y Gumley, 2012, 550). Otros estudios han revelado que la autocompasión ofrece estos beneficios:

- Desactiva la respuesta de estrés del cuerpo y activa la respuesta del autocuidado (Gilbert y Procter, 2006). Esto puede conducir a una mayor sensación de sentirse apoyado, como si fuera un ser querido el que nos estuviera apoyando, lo cual contribuye a la resiliencia emocional.
- Está «asociada con fortalezas psicológicas como la felicidad, el optimismo, la sabiduría, la curiosidad y la exploración, la iniciativa personal y la inteligencia emocional» (Neff y Germer, 2013, 29).
- Reduce el cortisol (una hormona relacionada con el estrés) y la variabilidad de la frecuencia cardíaca, lo cual está vinculado con menos cavilaciones, menos perfeccionismo y menos miedo al fracaso (Neff y Germer, 2013).
- Promueve comportamientos relacionados con la salud, tales como ser fiel a la dieta, el ejercicio, la reducción del tabaquismo y la búsqueda del tratamiento médico necesario (Neff y Germer, 2013).

La buena noticia es que la autocompasión, como el mindfulness, puede ser desarrollada y es posible profundizar en ella a través del entrenamiento y la práctica. Kristin Neff y Christopher Germer descubrieron que un programa de autocompasión de ocho semanas basado en el mindfulness que ellos mismos desarrollaron elevó los niveles de autocompasión de los participantes en un 43% (Germer y Neff, 2013).

PRÁCTICA 14: meditación de la autocompasión

Esta meditación tiene un formato similar al de la meditación del amor benevolente, pero pone el énfasis en el cultivo de la compasión hacia uno mismo.

Empieza sentándote en una postura cómoda y relajada (también puedes practicar esta meditación caminando en un lugar tranquilo). Tómate un momento para relajarte y soltar cualquier tensión presente en tu cuerpo y en tu mente por medio de hacer algunas respiraciones completas, relajar cualquier zona de tensión e invitar a que se dibuje una sonrisa en las comisuras de tus ojos y tu boca.

Con suavidad, lleva la atención a cualquier sufrimiento que puedas estar experimentando (tristeza, soledad, miedo, dolor o preocupación) y acoge tus sentimientos con actitud solícita y benevolente. Suelta cualquier historia o relato mental acerca de por qué te sientes triste o solo, y permanece abierto a los sentimientos que estás experimentando.

Ábrete a las sensaciones corporales que están presentes con aceptación y benevolencia. Puedes ponerte la mano sobre el corazón y aceptar amablemente las emociones dolorosas; proponte acogerlas con solicitud, compasión y comprensión.

Toma conciencia de que no estás solo, de que incluso en este momento hay otras personas que también están experimentando dificultades, dolor y pérdida. Lo que sea que estés sintiendo es una experiencia humana compartida. Ahora repite estas frases para ti mismo, con benevolencia:

- Que esté a salvo.
- Que sea feliz.
- Que sea benevolente conmigo mismo.
- Que me acepte tal como soy.

Al repetir las frases, permanece abierto a cualquier sensación corporal que surja; acoge todo lo que experimentes con benevolencia y aceptación. Siempre que tu mente divague, vuelve a llevar la atención, suavemente, a la repetición de las frases o a las sensaciones corporales. Si esta práctica te evoca sentimientos o emociones intensos, regresa a la conciencia de la respiración, y vuelve a las frases de autocompasión cuando te sientas preparado.

Por último, siéntate en silencio durante unos minutos, y permanece abierto a cualquier sentimiento o sensación que esté presente. Acoge cualquier sentimiento de bondad hacia ti mismo que surja, y si no aparece ninguno, o si experimentas emociones negativas o difíciles, recíbelas con benevolencia y aceptación, apreciando el esfuerzo y la intención que has traído a esta práctica.

TOMAR LO BUENO: CULTIVAR EMOCIONES QUE CONTRIBUYEN AL BIENESTAR Y LA FELICIDAD. RECAPITULACIÓN

Las emociones difíciles, como la tristeza, la ira, el miedo y la soledad, pueden activar hábitos que no contribuyen al bienestar. Estas emociones pueden estimularte a comer o beber de manera poco sana, a fumar, a evadirte de la realidad o a perderte en pensamientos estresantes buscando formas de evitar las emociones difíciles.

Los estudios muestran que las emociones «positivas» pueden neutralizar los efectos de las emociones «negativas» y ayudarnos a estar abiertos a una gama más amplia de respuestas a una situación dada, lo que nos permite superar los factores estresantes y volvernos más resistentes. El hecho de cultivar emociones que amplían y extienden el abanico de las opciones, tales como la compasión y el perdón, también resulta útil para cambiar los hábitos, porque estas emociones nos ayudan a no ver una «recaída» como un fracaso y por lo tanto a no darnos por vencidos.

Durante miles de años se han utilizado las prácticas del amor benevolente y la autocompasión para cultivar la bondad y la solicitud hacia uno mismo y hacia los demás, así como para contrarrestar los efectos de los estados mentales y emociones dolorosos. Estudios científicos recientes avalan estas prácticas de meditación milenarias; nos muestran que dichas prácticas benefician a una amplia variedad de personas y que estimulan comportamientos saludables como hacer ejercicio y dejar de fumar.

CAPÍTULO 10

ACABAR CON LOS HÁBITOS NOCIVOS EN LAS RELACIONES Y EN EL MUNDO

Nadie nace odiando a otra persona por el color de su piel o su origen, o su religión. Para odiar, hay que aprender a hacerlo, y si se puede aprender a odiar, se puede enseñar a amar, ya que el amor es más natural para el corazón humano que su opuesto.

NELSON MANDELA,
*El largo camino hacia la libertad:
la autobiografía de Nelson Mandela*

En este capítulo vamos a ver los hábitos nocivos que pueden surgir en la comunicación, especialmente en situaciones de conflicto, y patrones habituales de pensamiento y comportamiento en el ámbito colectivo (que podemos absorber) que pueden conducir al sufrimiento.

LLEVAR EL MINDFULNESS A LOS HÁBITOS PRESENTES EN LAS RELACIONES

Desde el momento en que tu cerebro y sistema nervioso individual han automatizado unos patrones de pensamiento y comportamiento a través de la repetición, tus hábitos son muy personales. Pero los hábitos son también profundamente relacionales. Somos seres esencialmente sociales, y nuestros pensamientos y acciones se desarrollan en el contexto de la relación que tenemos con otras personas (nuestros cuidadores, nuestra familia, nuestros amigos, nuestra comunidad y el resto del mundo). Nuestros hábitos, como tales, suelen tener sus raíces en nuestras experiencias de la infancia. Por ejemplo, en respuesta a no sentirse amados o emocionalmente atendidos, algunos niños contraen el hábito de sentirse aliviados por medio de la comida. Los niños que temen que sus padres se enojarán si les dicen la verdad a veces contraen el hábito de mentir o evadirse, y luego conservan este hábito cuando se enfrentan a cualquier figura de autoridad o cada vez que se sienten bajo presión. Los niños que crecen en familias donde los chismes sobre los vecinos o los ataques de ira son la norma pueden encontrarse, en la edad adulta, cayendo en estos mismos hábitos.

Hay algo más: a menudo, los hábitos no saludables se refuerzan y perpetúan en las relaciones. Por ejemplo, si tienes el hábito de beber en exceso con determinados amigos, este hábito puede activarse cada vez que estás con esos amigos. Además, las personas que comparten una estrecha relación (por ejemplo, amantes, cónyuges y familiares) con frecuencia saben qué botones apretar en el otro y pueden desencadenar respuestas previsibles y habituales que perpetúan la contienda.

Si utilizas las habilidades y prácticas que se presentan en los siete capítulos anteriores, puedes transformar estos patrones. Por ejemplo, puedes aprender a permanecer con los sentimientos difíciles en lugar de exteriorizarlos, hacerte consciente de las creencias que perpetúan un hábito no saludable y elegir no identificarte con ellas.

La comunicación consciente en situaciones de conflicto

Un área especialmente importante en que los hábitos no saludables pueden causar sufrimiento es la de la comunicación: cómo utilizamos el lenguaje para expresar nuestros sentimientos y lograr satisfacer nuestras necesidades.

Los hábitos de comunicación no saludables pueden agudizar el conflicto en lugar de generar armonía. Podemos usar las palabras para generalizar, criticar, juzgar, culpar, exigir y atacar al otro en lugar de hacer observaciones específicas, reconocer nuestras propias emociones y trabajar junto con la otra persona. Puedes transformar tus hábitos de comunicación no saludables por medio de llevar la atención a estos patrones y utilizar un lenguaje que contribuya a la armonía en lugar de fomentar la división y el conflicto.

Un enfoque que me parece potente y eficaz para transformar los hábitos de comunicación y cultivar la armonía y el entendimiento en las relaciones (en particular donde hay conflictos) es la práctica de la comunicación no violenta, desarrollada por el psicólogo Marshall Rosenberg. (Rosenberg, 2003).

La comunicación no violenta ofrece un marco para el cultivo de la comunicación inteligente y consiste en lo siguiente:

- Utilizar el lenguaje de la observación en lugar del de la evaluación o el juicio. En lugar de decirle que «siempre llegas tarde» a un amigo impuntual en vuestra cita semanal para comer, puedes señalarle que esta es la tercera vez que llega más de quince minutos después de la hora acordada. Cuando hablamos en el idioma de la observación, podemos referirnos a lo que realmente ocurrió o está ocurriendo en lugar de centrarnos en el carácter de la otra persona o de formular generalizaciones.

- EXPRESAR LO QUE UNO SIENTE. Por ejemplo: «Me sentí avergonzado cuando hiciste ese comentario acerca de mí al grupo» en lugar de «Me humillaste delante del grupo; no voy a confiar en ti nunca más». Al expresar lo que estamos sintiendo, hablamos de nuestra experiencia directa en lugar de culpar a la otra persona. Esto le permite saber cómo te estás sintiendo sin que tenga la necesidad de ponerse a la defensiva.

- RECONOCER CUÁLES SON LAS PROPIAS NECESIDADES. En cualquier situación de conflicto, tenemos unas necesidades que estamos intentando satisfacer. La otra persona también tiene necesidades que está tratando de satisfacer. Tu necesidad puede ser de conexión, claridad, seguridad, autoestima o cualquier otra cosa que desees. La comunicación no violenta es una forma de trabajar hacia la satisfacción de las necesidades de ambas partes. Al investigar tus propias necesidades, puedes acudir por debajo del nivel de tus puntos de vista y juicios habituales para conectar con lo que estás buscando en la situación. Y cuando reconozcas las necesidades de la otra persona, se sentirá escuchada y comprendida, lo cual dará lugar a una mayor probabilidad de que ambos logréis satisfacer vuestras necesidades.

- HACER PETICIONES. Es decir, pedir lo que uno quiere, en lugar de formular exigencias o mostrarse vago en relación con lo que está buscando. Por ejemplo: «¿Podrías llamarme y decirme si vas a llegar tarde a casa?». Cuando pedimos lo que necesitamos, le damos a la otra persona la oportunidad de decir sí o no. Y si la respuesta es no, se pueden explorar otras formas de satisfacer las propias necesidades.

Al pararte a reflexionar sobre tus propios hábitos de comunicación, ¿puedes ver los patrones que conducen al conflicto y a la división? En una discusión sobre política, ¿atacas a la otra persona en lugar de debatir acerca de sus ideas o principios? ¿Utilizas el nunca y el siempre al describir las acciones de tu pareja, cónyuge u otro miembro de la familia? (Por ejemplo: «Siempre llega tarde» o «Nunca acaba lo que empieza»). ¿Hablas en el lenguaje del juicio en lugar del de la observación? (Por ejemplo: «No se puede confiar en ella»). ¿Formulas exigencias o planteas ultimátums (que pueden hacer que el otro se resista o se ponga a la defensiva)?

El hecho de utilizar un proceso de comunicación consciente y compasivo como la comunicación no violenta puede ayudarte a transformar hábitos no saludables de comunicación que, de otro modo, alentarían los conflictos, los malentendidos y la división en tus relaciones.

Puesto que tus patrones de comunicación se han desarrollado en el transcurso de tu vida, cambiar estos hábitos requiere cierta dedicación y paciencia. Fundamentalmente, se trata de practicar el mindfulness, junto con la compasión hacia uno mismo y los demás. Puedes utilizar las habilidades que has aprendido en los siete capítulos anteriores para transformar los hábitos y añadir a ello las habilidades de la comunicación no violenta, con las que llevarás el mindfulness al ámbito de la comunicación.

LA APLICACIÓN DEL MINDFULNESS A LOS HÁBITOS COMPARTIDOS

Los hábitos de los que hemos hablado y con los que hemos trabajado hasta ahora en este libro han implicado sobre todo elecciones que llevamos a cabo, en nuestro intento de satisfacer nuestras necesidades, que se convirtieron en hábitos al repetirlas en el mismo tipo de contextos. Si estos hábitos van en contra de nuestros verdaderos intereses e intenciones, nos resultará útil cambiarlos, y hemos explorado, extensamente, las habilidades del mindfulness que pueden ayudarnos a cambiar los hábitos no saludables.

Pero ¿qué sucede con los hábitos que no se forman como consecuencia de nuestras decisiones o de nuestros esfuerzos por satisfacer una necesidad en particular sino debido a que los hemos absorbido? (Por decirlo de alguna manera, estos hábitos están diluidos en el agua que todos bebemos).

Desde tiempos inmemoriales, las culturas y sociedades han transmitido su sabiduría tradicional, prácticas religiosas y rituales, leyes, reglas morales e historias de una generación a la siguiente. Al igual que los hábitos personales saludables, muchos de estos puntos de vista, normas, comportamientos y prácticas no constituyen un problema, y la mayoría de los niños que crecen absorbiéndolos se convierten en ciudadanos relativamente equilibrados y compasivos. Pero ¿y si las leyes, las reglas morales y los comportamientos socialmente aceptados perpetúan el daño? ¿Se pueden cambiar estos patrones colectivos de pensamiento y comportamiento con el mindfulness? Por ejemplo, si hubieses nacido en el seno del grupo dominante en una sociedad esclavista o fueses de raza blanca en Sudáfrica durante el *apartheid* (el régimen de segregación racial), habrías crecido en una sociedad en que las leyes, las normas, los supuestos y los comportamientos cotidianos legitimaban la desigualdad y la injusticia. A menos que hubieses crecido en el seno de una familia o subcultura que cuestionase las normas dominantes, habrías absorbido las ideas y creencias que perpetuaban ese orden injusto. Incluso las víctimas de la injusticia social interiorizan, a veces, las creencias de sus opresores acerca de su «inferioridad».

Llevar la conciencia a los hábitos colectivos inconscientes, como los que conducen al sufrimiento, puede ser más difícil que llevarla a los hábitos personales no saludables. Si tienes un fuerte deseo de algo, tu cuerpo, tus emociones y tus pensamientos te indicarán, normalmente, que hay algo fuera de lugar, aunque tengas maneras de acallar o invalidar ese reconocimiento. Del mismo modo, si tienes el hábito de huir a tus fantasías para evitar un sentimiento desagradable (o el de quedar atrapado en la dinámica incesante de la preocupación o la planificación), tu cuerpo y tu mente (y, a menudo, las personas cercanas) te mandarán señales que lo normal es que te hagan saber que algo anda mal. En cambio, es mucho más fácil que los patrones colectivos de pensamiento y comportamiento operen «bajo el radar». Puedes tener tan profundamente interiorizados los puntos de vista y creencias que compartes con los miembros de tu familia, tus compañeros o el conjunto de la sociedad que no haya ninguna señal clara de que algo está mal. Puesto que esos hábitos, y los comportamientos que subyacen a ellos, son «el mar donde nadamos», las opiniones y comportamientos de las personas que te rodean tenderán a reforzar el punto de vista colectivo perjudicial.

He utilizado los ejemplos de las sociedades esclavistas y el sistema del *apartheid* para ilustrar cómo incluso las sociedades muy injustas pueden transmitir normas de pensamiento y comportamiento que se presentan como «normales» o avaladas por la religión.

Estos son casos extremos, y con las facilidades que presenta la comunicación a escala mundial hoy en día y con las normas internacionales imperantes en cuanto a los derechos humanos y la justicia social es más difícil que este tipo de sistemas conserven la legitimidad y que las personas que viven en estas sociedades permanezcan ajenas a los efectos nocivos predominantes. No obstante, en muchos casos el sufrimiento puede ser menos obvio pero no menos real.

Consideremos el tema de la justicia racial y la equidad en los Estados Unidos hoy en día. Como miembros del grupo racial dominante, muchos blancos han sido educados en la creencia de que viven en una sociedad «sin colores» donde hay igualdad de oportunidades, el «campo de juego» es relativamente llano y la dominación racial y las injusticias son cosa del pasado.

Sin embargo, estos puntos de vista se han ido cuestionando cada vez más, sobre todo a raíz del episodio reciente (en el momento de escribir estas líneas) de la muerte de unos hombres de raza negra a manos de la policía.

Cuando uno posee privilegios resultantes de ser miembro de un grupo dominante (ya sea por razón de su raza, etnia, clase social, sexo, orientación sexual, capacidad mental o física u otra característica), la tendencia natural es la de no ser consciente de los beneficios que ello implica y darlos por sentados. El individuo es educado para ver estos privilegios como normales, no como algo especial, por lo que puede vivir ajeno al hecho de que hay otras personas que no reciben los mismos beneficios o ventajas que él, porque las leyes y normas sociales proclaman la igualdad para todos (para los miembros de los grupos subordinados, sin embargo, las desventajas están muy claras). O bien uno puede interiorizar la creencia de que «merece» un tratamiento diferente o mejor que los demás (a partir, por ejemplo, de puntos de vista religiosos o cuasicientíficos que tratan de explicar y justificar su posición privilegiada). Es posible que uno crea que su éxito se deba a sus méritos o esfuerzos en lugar de obedecer a un privilegio invisible (es como alguien que «nació en la tercera base y pensó que hizo un triple»).

Peggy McIntosh, investigadora del Centro para la Investigación sobre la Mujer de la Universidad Wellesley, señaló la «mochila invisible» de privilegios asociados con haber nacido blanco en los Estados Unidos. Señaló: «Me enseñaron a ver el racismo solo en actos individuales mezquinos, no en los sistemas invisibles que confieren el dominio a mi grupo» (McIntosh, 1988).

McIntosh identificó cincuenta privilegios que recibió por el hecho de ser de raza blanca: «Por lo que yo puedo decir, mis compañeros de trabajo, amigos y conocidos afroamericanos [...] no pueden contar con la mayor parte de estas condiciones». Estos son algunos de los privilegios (en palabras suyas):

- «Puedo ir de compras sola la mayor parte del tiempo, bastante segura de que no me van a seguir o a acosar».
- «Puedo encender la televisión o abrir la primera página del periódico y ver a la gente de mi raza ampliamente representada».
- «Puedo estar segura de que a mis hijos se les darán materiales escolares que dan testimonio de la existencia de su raza».
- «Nunca me piden que hable en nombre de todas las personas de mi grupo racial».
- «Si un policía de tráfico me da el alto o si el IRS [la Agencia Tributaria estadounidense] audita mi declaración de impuestos, puedo estar segura de que no me han elegido a causa de mi raza».
- «Puedo llegar tarde a una reunión sin que mi tardanza se atribuya a mi raza».
- «Puedo organizar mis actividades sin tener que experimentar nunca sentimientos de rechazo a causa de mi raza».

Los privilegios invisibles contribuyen a perpetuar el daño y pueden ser particularmente difíciles de identificar y abandonar. Pero cualquier situación en la que hay desigualdad e injusticia perjudica tanto a los miembros del grupo dominante como a los de los grupos subordinados. Si quieres cultivar la paz interior, así como una mayor armonía en el mundo, tienes que traer estos hábitos colectivos a la luz de tu conciencia. El primer paso es la humildad (reconocer que no sabes lo que no sabes). Puedes empezar por traer conciencia y espíritu de indagación a lo que crees y por hacerte las preguntas que siguen:

- ¿Es cierta esta creencia?
- ¿Estoy actuando a partir de suposiciones que conducen a dañar a otros o dañarme a mí mismo?
- Esta creencia o acción ¿conduce al bienestar, o genera perjuicios?

Sé consciente de lo que puede estar sucediendo fuera del marco de tu conciencia. La curiosidad y la investigación son esenciales. Lee, ve y escucha los puntos de vista opuestos, y pregúntate:

- ¿Qué es aquello de lo que no soy consciente?
- ¿Qué me estoy perdiendo?
- ¿Dónde hay sufrimiento? ¿Y cuál es su causa?

También es muy importante buscar voces y opiniones que pueden ser menos escuchadas (o raramente escuchadas), especialmente las procedentes de grupos marginados o excluidos. Puedes utilizar las habilidades del mindfulness y prácticas de autocompasión y perdón para que te ayuden a acoger con benevolencia las reacciones dolorosas que pueden surgir cuando te abres a lo que antes estaba oculto a tu vista. Puedes trabajar con otras personas que también estén buscando la sanación y la reconciliación, apoyaros unos a otros a la hora de profundizar en la investigación sobre cómo despertar del trance de los hábitos colectivos nocivos. A modo de ejemplo, en mi comunidad de meditación formamos un grupo de «conciencia blanca», destinado a investigar sobre los privilegios y la justicia racial y a buscar formar parte de un proceso de sanación y reconciliación.

El mindfulness conduce a la acción sabia y compasiva. En una vieja historia zen, un estudiante acude a visitar a su maestro moribundo. El estudiante le pregunta:

—¿Cuál es la enseñanza de toda su vida?

El maestro responde:

—Una respuesta apropiada.

Cada vez que te das cuenta de que tus formas de ver y actuar están dando lugar a algún tipo de perjuicio, el mindfulness te ayudará a decidir una respuesta sabia y compasiva. Por ejemplo, si percibes que estás estresado y te crees tus pensamientos de estrés, con el mindfulness puedes llevar la atención a tus pensamientos, optar por verlos como pensamientos en lugar de como «la verdad» y soltarlos.

Las prácticas que se ofrecen en este libro te proporcionan las habilidades que necesitas para llevar la atención a los hábitos nocivos, para permanecer con los sentimientos que estén presentes (en lugar de resistirte o huir de ellos) y para elegir las acciones que fomenten tu propia armonía y bienestar, así como los de los demás. En el caso de los hábitos colectivos nocivos, es necesario que te impliques en una investigación más amplia para hacerte consciente del daño y transformarlo.

ACABAR CON LOS HÁBITOS NOCIVOS EN LAS RELACIONES Y EN EL MUNDO. RECAPITULACIÓN

Los hábitos son algo personal y único en el sentido de que son formas en que nuestros patrones de pensamiento y comportamiento se vuelven automáticos por medio de la repetición. Como has visto, el mindfulness puede ayudarte a transformar hábitos de todo tipo abordando tu experiencia con una conciencia benevolente y no enjuiciadora.

Hay dos áreas adicionales que requieren especial atención y que también se pueden cambiar con la atención consciente: los hábitos que se desarrollan en las relaciones, en particular en el ámbito de la comunicación en situaciones de conflicto, y los patrones de hábitos de pensamiento y comportamiento compartidos a los que somos ajenos muy a menudo.

Una aproximación a los hábitos de comunicación que puede ser especialmente valiosa en situaciones de conflicto es la comunicación no violenta, un enfoque que fue desarrollado por Marshall Rosenberg (fallecido en 2015). La comunicación no violenta proporciona un marco para el cultivo del discurso sabio y compasivo e implica utilizar el lenguaje de la observación en lugar de la evaluación o el juicio; expresar sinceramente lo que estás sintiendo; reconocer cuáles son tus necesidades y buscar maneras de satisfacerlas, así como las de la otra persona, y formular peticiones en lugar de exigencias.

El hecho de utilizar un proceso de comunicación consciente y compasivo puede ayudarte a transformar los hábitos no saludables de comunicación que de otro modo pueden alimentar los conflictos y malentendidos en tus relaciones.

También puedes llevar la atención a los hábitos compartidos que has absorbido de la sociedad o de los grupos de los que formas parte. Estos hábitos pueden ser particularmente difíciles de cambiar, porque no tienen su origen tanto en la elección personal como en las normas, los valores y las ideas de los grupos de los que formas parte. Los patrones dañinos de pensamiento y comportamiento suelen tener sus raíces en los beneficios y privilegios que están asociados con el hecho de formar parte de un grupo dominante. Llevar la atención a aquello a lo que vivimos ajenos requiere conciencia compasiva, humildad, curiosidad, investigación y trabajar estrechamente con otras personas que estén comprometidas con la sanación del sufrimiento compartido que surge de la desigualdad y la injusticia social.

HAZ DEL MINDFULNESS TU HÁBITO POR DEFECTO

A lo largo de este libro he hecho hincapié en que puedes cambiar los hábitos no saludables y en que el mindfulness es clave para cambiarlos, para vivir una vida libre de estrés y sufrimientos innecesarios.

El mindfulness te ayudará a discernir si tu patrón habitual de comportamiento o pensamiento será beneficioso para ti o bien perjudicial. Esto abre la posibilidad de que elijas tu respuesta a tus impulsos en lugar de actuar sin pensar, a partir de los hábitos.

Si no pones conciencia, seguirás siendo prisionero de tus viejas elecciones y hábitos arraigados y, de ese modo, reproduciendo patrones desfasados. Usando las habilidades y prácticas que se presentan en este libro puedes entrenar a tu mente para que el mindfulness sea tu modalidad por defecto (en sustitución de los hábitos condicionados) como tu forma de estar en el mundo.

El mindfulness está disponible para cualquiera, en cualquier lugar, en cualquier momento. Todo lo que necesitas saber es que puedes «volver a casa» (a tu experiencia directa, aquí y ahora) y reforzar tu capacidad de estar presente por medio de ejercitar la mente.

Para llevar el mindfulness a cualquier situación, puedes hacerte tres preguntas:

1. ¿De qué soy consciente? (¿Qué estoy experimentando en este momento?)
2. ¿Puedo decir que sí a este momento tal como es?
3. ¿Cuál sería una respuesta sabia y adecuada?

A continuación puedes elegir responder a la situación (o, sencillamente, optar por no actuar) de una forma que te conduzca a la auténtica felicidad en lugar de reaccionar de modo automático y a partir del hábito. Todos los hábitos nocivos se pueden transformar cuando se abordan con benevolencia y conciencia.

Esto no quiere decir que sea fácil. Se requiere práctica. Alguien dijo una vez: «No se puede sacar a pasear al perro una sola vez». Es decir, sacar a pasear al perro no es algo que hagas una vez y en lo que no tengas que volver a pensar nunca más. Los perros necesitan que se los saque a pasear a diario para mantenerse saludables, y ocurre lo mismo con el cerebro y la práctica del mindfulness.

Tus hábitos se han desarrollado a través de la repetición en el tiempo y tu cerebro ha formado vías neuronales que fomentan aún más la repetición. Por lo tanto, para volver a entrenar la mente necesitas llevar a cabo repeticiones saludables: tienes que dejar de transitar por los viejos caminos y crear otros nuevos a partir de elecciones saludables que apoyen tus verdaderos intereses.

El fruto del mindfulness es que puedes vivir tal como realmente quieres vivir. Puedes ir más allá de los sentimientos de necesidad o de la ilusión de que las cosas tienen que ser de una determinada manera para poder ser feliz. Puedes vivir con una tranquilidad que nunca creíste posible en medio de los desafíos de la vida.

He aquí seis consejos para ayudarte a hacer del mindfulness tu hábito por defecto en la vida diaria:

1. Establece una práctica de meditación diaria. Empieza por reflexionar acerca de por qué establecer una práctica diaria de meditación es importante para ti y escríbelo. Puedes considerar la posibilidad de anunciarle a un familiar o a un amigo tu compromiso de meditar todos los días, de modo que eres responsable, frente a esa persona, de ser fiel a tu palabra. Comprométete a meditar a diario durante una semana, y después comprométete durante una semana más. Encuentra un tiempo y un lugar fijos para meditar; esto te ayudará a convertir tu práctica en un hábito saludable. Puedes empezar con diez o quince minutos y aumentar la cantidad de tiempo a medida que te sientas preparado para ello. Usa un cronómetro o una alarma para no tener que estar preocupado por la cantidad de minutos que te quedan por meditar. Utiliza las meditaciones guiadas presentes en este libro (o en otros) para que te ayuden con tu práctica.

2. Emplea un cuaderno para llevar un registro de tus meditaciones: durante cuánto tiempo te sientas a meditar, así como lo más destacable de tu experiencia

(por ejemplo, la inquietud o el cansancio, o la sensación de calma y paz) o lo que has percibido durante el tiempo de meditación. Si surgen dificultades, puedes reflexionar sobre cómo vas a encarar desafíos similares que puedan darse en el futuro. Utiliza las meditaciones de este libro para trabajar con dificultades específicas, según el caso.

3. Tómate tiempo durante el día para hacer una pausa y llevar tu atención a la respiración, tus sensaciones corporales y el estado general de tu cuerpo y tu mente. Puedes realizar tres ciclos respiratorios completos, llevando la atención a lo que está presente y aceptándolo. O bien dedica cinco minutos a regresar al hogar que eres tú mismo; basta con que reconozcas y permitas lo que está presente. Puedes configurar una alarma (o descargarte una «campana de mindfulness») en tu teléfono u ordenador para acordarte de hacer una pausa a intervalos frecuentes o aleatorios.

4. Visualiza momentos que sabes que van a suceder en la vida cotidiana y estate preparado para utilizar dichos momentos para estar completamente presente. Por ejemplo, cada vez que estés conduciendo y te encuentres parado en un semáforo en rojo, haz una «pausa consciente». Siempre que estés en cola en una tienda, agradece esa oportunidad de hacer una pausa y lleva la atención a la respiración y al cuerpo. Si estás en un autobús u otro medio de transporte público, puedes utilizar la práctica «Soy consciente de...» del capítulo 4 para observar lo que surja (visiones, sonidos, sensaciones, pensamientos). También puedes practicar el

amor benevolente con todos los que están compartiendo contigo el viaje de la vida.

5. Durante una semana, elige una actividad que llevar a cabo con atención plena y conscientemente cada día. Esta actividad puede ser, por ejemplo, ir andando hasta tu lugar de trabajo o hasta tu casa, cocinar o tomar una comida, conducir al trabajo, lavar los platos o ducharte. Sea lo que sea lo que elijas, presta toda tu atención a esa actividad. Observa cómo te sientes cuando la llevas a cabo con plena conciencia.

6. Súmate a un grupo que medite con frecuencia (al menos una vez por semana) o asiste a clases de meditación. Cultiva la amistad espiritual con gente de ideas afines comprometida a vivir con conciencia. Si no tienes cerca grupos de estas características, trata de encontrar una o dos personas con las que meditar de manera frecuente. También puedes encontrar comunidades de meditación en Internet.

Por último, una de las verdades más profundas acerca del mindfulness (y de la vida) es que se puede empezar de nuevo en cualquier momento. Puedes abrirte a esta respiración, este sentimiento, este momento, con la mente de un principiante, dejando que cualquier residuo o carga del pasado o cualquier pensamiento sobre el futuro sucumban.

Puedes regresar al presente (a estas prácticas) en cualquier momento y en cualquier lugar. Que estos conocimientos y prácticas que han resultado útiles a tantas personas en el transcurso de los siglos te ayuden a encontrar la paz y la libertad interior.

AGRADECIMIENTOS

Estoy profundamente agradecido por el apoyo que me han prestado muchas personas a la hora de escribir este libro. Quiero dar las gracias y mostrar mi reconocimiento a todos los que me ayudaron a mejorar la escritura y la estructura del libro: Jeremy Mohler, Joan Mooney, Susan Collins, Rimas Blekaitis, Brian Levy, Sophia Galvan, Grace Ogden, Rebecca Hines y Barbara Graham; a todos los miembros de New Harbinger Publications, especialmente Wendy Millstine, Jess Beebe, Karen Hathaway, Vikraj Gill y el profesional independiente Will DeRooy; a los amigos, estudiantes y otros profesores de la Comunidad de Meditación del Insight de Washington, incluida la profesora fundadora Tara Brach, que ha sido una mentora, una querida amiga y una fuente de apoyo y sabiduría; a todos los maestros y practicantes de la meditación y el mindfulness, desde los tiempos del Buda en adelante, que se han comprometido a vivir una vida despierta y a ayudar a sanar el sufrimiento del mundo; a los maestros que han jugado un papel determinante a la hora de hacer que las antiguas enseñanzas de sabiduría sean accesibles a los estudiantes y profesionales occidentales, en especial Jack Kornfield, Sharon Salzberg y Joseph Goldstein; a los maestros cuya sabiduría y claridad han apoyado mi práctica y enseñanza, entre ellos Ajahn Chah, el Venerable Anālayo, Bhante Gunaratana, Suzuki Roshi, Pema Chödrön, Bhikkhu Bodhi, Thich Nhat Hanh, Tsoknyi Rinpoche, Larry Rosenberg, Christopher Titmuss, Jack Kornfield, Sharon Salzberg, Joseph Goldstein, Christina Feldman, Jon Kabat-Zinn, Tara Brach, Rick Hanson, Phillip Moffitt, Gil Fronsdal, Eckhart Tolle y Adyashanti, y a todos los que me han proporcionado su amor, amistad y apoyo emocional, incluidos mi hija Emma; su marido, John; mis nietos, John, Hugh y Eve; mi hijo, Joseph; mis hermanos y sus parejas y familias; mi madre; mi difunto padre; John Byrne; D. F. C., y mi compañera de vida, Rebecca Hines, quien me ha ofrecido todo su apoyo y amor a lo largo de este viaje.

Referencias

Indicamos los títulos que hace constar el autor. En el caso de existir traducción al castellano, la ofrecemos a continuación de la referencia original.

Adams, C., W. Heppner, S. Houchins, D. Stewart, J. Vidrine y D. Wetter (2014). «Mindfulness Meditation and Addictive Behaviors», en *Psychology of Meditation*, editado por N. Singh. Hauppauge (Nueva York), Estados Unidos: Nova Science Publishers.

Adyashanti (2008). *The End of Your World: Uncensored Straight Talk on the Nature of Enlightenment*. Boulder (Colorado), Estados Unidos: Sounds True./(2011). *El final de tu mundo: comentarios sobre la naturaleza de la iluminación*. Málaga, España: Sirio.

Anālayo (2003). *Satipatthāna: The Direct Path to Realization*. Birmingham, Reino Unido: Windhorse Publications.

Avena, N., P. Rada y B. Hoebel (2008) «Evidence for Sugar Addiction: Behavioral and Neurochemical Effects of Intermittent, Excessive Sugar Intake», en *Neuroscience and Biobehavioral Reviews* 32 (1): 20-39.

Batchelor, M. (2007). *Let Go: A Buddhist Guide to Breaking Free of Habits*. Boston, Estados Unidos: Wisdom Publications.

BEGLEY, S. (2012). «As America's Waistline Expands, Costs Soar». Reuters, 30 de abril.

BODHI, B., trad. (1995). *The Middle Length Discourses of the Buddha: A New Translation of the Majjhima Nikāya*. Traducción original de Bhikkhu Ñānamoli. Boston, Estados Unidos: Wisdom Publications.

BOWEN, S., N. CHAWLA Y G. A. MARLATT (2011). *Mindfulness-Based Relapse Prevention for Addictive Behaviors*. Nueva York, Estados Unidos: Guilford Press/(2013). *Prevención de recaídas en conductas adictivas basada en mindfulness*. Bilbao, España: Desclée de Brouwer.

BOWEN, S. Y G. A. MARLATT (2009). «Surfing the Urge: Brief Mindfulness-Based Intervention for College Student Smokers». *Psychology of Addictive Behaviors* 23 (4): 666-671.

BRACH, T. (2013) *True Refuge: Finding Peace and Freedom in Your Own Awakened Heart*. Nueva York, Estados Unidos: Bantam Books. / (2015) *Refugio verdadero: Encuentra la paz y la libertad en tu propio corazón despierto*. Móstoles (Madrid), España: Gaia.

—— (2003). *Radical Acceptance: Embracing Your Life with the Heart of a Buddha*. Nueva York, Estados Unidos: Bantam Books/(2014). *Aceptación radical: aceptando tu vida con el corazón de un Buda*. Móstoles (Madrid), España: Gaia.

BREWER, J., S. Mallik, T. Babuscio, C. Nich, H. Johnson, C. Deleone *et al.* (2011). «Mindfulness Training for Smoking Cessation: Results from a Randomized Controlled Trial». *Drug and Alcohol Dependence* 119 (1): 72-80.

CARSON, J., F. KEEFE, T. LYNCH, K. CARSON, V. GOLI, A. FRAS Y S. THORP (2005). «Loving-Kindness Meditation for Chronic Low Back Pain: Results from a Pilot Trial». *Journal of Holistic Nursing* 23 (3): 287-304.

CHANG, L. (2006). *Wisdom for the Soul: Five Millennia of Prescriptions for Spiritual Healing*. Washington DC, Estados Unidos: Gnosophia Publishers.

COVEY, S. (1998). *The 7 Habits of Highly Effective Teens: The Ultimate Teenage Success Guide*. Nueva York, Estados Unidos: Simon & Schuster/(2012). *Los 7 hábitos de los adolescentes altamente efectivos*. España: Debolsillo.

DUHIGG, C. (2012). *The Power of Habit: Why We Do What We Do in Life and Business*. Nueva York, Estados Unidos: Random House/(2012). *El poder de los hábitos: Por qué hacemos lo que hacemos en la vida y en la empresa*. Barcelona, España: Urano.

EKMAN, P. (1994). «Moods, Emotions, and Traits», en *The Nature of Emotion: Fundamental Questions*, editado por P. Ekman y R. Davidson. Nueva York, Estados Unidos: Oxford University Press.

FARB, N., Z. SEGAL, H. MAYBERG, J. BEAN, D. McKEON, Z. FATIMA y A. ANDERSON (2007). «Attending to the Present: Mindfulness Meditation Reveals Distinct Neural Modes of Self-Reference». *Social Cognitive and Affective Neuroscience* 2 (4): 313-322.

FELDMAN, C. (2005). *Compassion: Listening to the Cries of the World*. Berkeley (California), Estados Unidos: Rodmell Press.

FRANKL, V. E. (2006). *Man's Search for Meaning*. Primera parte traducida por I. Lasch. Boston, Estados Unidos: Beacon Press/(2015). *El hombre en busca de sentido*. Barcelona, España: Herder.

FREDRICKSON, B. (2000). «Cultivating Positive Emotions to Optimize Health and Well-Being». *Prevention and Treatment* 3 (1): n. p.

FREDRICKSON, B., M. COHN, K. COFFEY, J. PEK y S. FINKEL (2008). «Open Hearts Build Lives: Positive Emotions, Induced Through Loving-Kindness Meditation, Build Consequential Personal Resources». *Journal of Personality and Social Psychology* 95 (5): 1045-1062.

FREDRICKSON, B. y R. LEVENSON (1998). «Positive Emotions Speed Recovery from the Cardiovascular Sequelae of Negative Emotions». *Cognition and Emotion* 12 (2): 191-220.

GARDNER, B. (2012). «Habit as Automaticity, Not Frequency». *European Health Psychologist* 14 (2): 32-36.

GARDNER, B., P. LALLY y J. WARDLE (2012). «Making Health Habitual: The Psychology of "Habit-Formation" and General Practice». *British Journal of General Practice* 62 (605): 664-666.

GERMER, C. y K. NEFF (2013) «Self-Compassion in Clinical Practice». *Journal of Clinical Psychology* 69 (8): 856-867.

GILBERT, P. y S. PROCTER (2006). «Compassionate Mind Training for People with High Shame and Self-Criticism: Overview and Pilot Study of a Group Therapy Approach». *Clinical Psychology and Psychotherapy* 13 (6): 353-379.

GOLDSTEIN, J. (1993). *Insight Meditation: The Practice of Freedom*. Boston, Estados Unidos: Shambhala Publications.

GOLLWITZER, P. Y B. SCHAAL (1998). «Metacognition in Action: The Importance of Implementation Intentions». *Personality and Social Psychology Review* 2 (2): 124-136.

HALSEY, A., III (2013). «Survey: Drivers Ignore Warnings About Risk of Texting and Cellphone Use While on the Road». *Washington Post*, 16 de diciembre.

HANSON, R. (2009). *Buddha's Brain: The Practical Neuroscience of Happiness, Love, and Wisdom*. Con R. Mendius. Oakland (California), Estados Unidos: New Harbinger Publications/(2011). *Cerebro de Buda: La neurociencia de la felicidad, el amor y la sabiduría*. España: Mil Razones.

HEBB, D. O. (1949). *The Organization of Behavior: A Neuropsychological Theory*. Nueva York, Estados Unidos: Wiley and Sons. La formulación completa de Hebb, conocida como Ley de Hebb, es: «Cuando un axón de una célula A está lo suficientemente cerca de una célula B como para excitarla y de forma repetida o persistente contribuye a que se movilice, algún proceso de crecimiento o cambio metabólico tiene lugar en una de las células o en ambas, de tal manera que la eficacia de A como una de las células que estimulan la B se incrementa».

HOGE, E., M. CHEN, E. ORR, C. METCALF, L. FISCHER, M. POLLACK, I. DE VIVO Y N. SIMON (2013). «Loving-Kindness Meditation Practice Associated with Longer Telomeres in Women». *Brain, Behavior, and Immunity* 32: 159-163.

HÖLZEL, B., J. CARMODY, M. VANGEL, C. CONGLETON, S. YERRAMSETTI, T. GARD Y S. LAZAR (2011). «Mindfulness Practice Leads to Increases in Regional Brain Gray Matter Density». *Psychiatry Research: Neuroimaging* 191 (1): 36-43.

HUNT, D. S. «Peace Is This Moment Without Judgment». www.dorothyhunt.org/poetry_page.htm.

HUTCHERSON, C., E. SEPPÄLÄ Y J. GROSS (2008). «Loving-Kindness Meditation Increases Social Connectedness». *Emotion* 8 (5): 720-724.

HUTSON, M. (2015). «Beyond Happiness: The Upside of Feeling Down». *Psychology Today*, 6 de enero.

Jalāl al-Din Rumi, M. (2004). «The Guest House». *The Essential Rumi*. Nueva edición extendida. Traducido por C. Barks, con J. Moyne, A. J. Arberry y R. Nicholson. Nueva York, Estados Unidos: HarperCollins/(2002). *La esencia de Rumi*. Barcelona, España: Obelisco.

James, W. (1890). *The Principles of Psychology* (2 vols.). Nueva York, Estados Unidos: Henry Holt (reimpreso en Bristol, Reino Unido: Thoemmes Press, 1999).

————— (1892). *Psychology*. Nueva York, Estados Unidos: Henry Holt and Company.

Jazaieri, H., K. McGonigal, T. Jinpa, J. Doty, J. Gross y P. Goldin (2014). «A Randomized Controlled Trial of Compassion Cultivation Training: Effects on Mindfulness, Affect, and Emotion Regulation». *Motivation and Emotion* 38: 23-35.

Johnson, D., D. Penn, B. Fredrickson, A. Kring, P. Meyer, L. Catalino y M. Brantley (2011). «A Pilot Study of Loving-Kindness Meditation for the Negative Symptoms of Schizophrenia». *Schizophrenia Research* 129 (2): 137-140.

Kabat-Zinn, J. (2003). «Mindfulness-Based Interventions in Context: Past, Present and Future». *Clinical Psychology: Science and Practice* 10 (2): 144-156.

————— (1990). *Full Catastrophe Living: Using the Wisdom of Your Body and Mind to Face Stress, Pain, and Illness*. Nueva York, Estados Unidos: Delta/(2016). *Vivir con plenitud las crisis: Cómo utilizar la sabiduría del cuerpo y de la mente para enfrentarnos al estrés, el dolor y la enfermedad* (ed. revisada y actualizada). Barcelona, España: Editorial Kairós.

Kahneman, D. (2011). *Thinking, Fast and Slow*. Nueva York, Estados Unidos: Farrar, Straus and Giroux.

————— (2003). «A Perspective on Judgment and Choice: Mapping Bounded Rationality». *American Psychologist* 58 (9): 697-720.

Kang, Y., J. Gray y J. Dovido (2014). «The Nondiscriminating Heart: Lovingkindness Meditation Training Decreases Implicit Intergroup Bias». *Journal of Experimental Psychology: General* 143 (3): 1306-1313.

Katie, B. (2002). *Loving What Is: Four Questions That Can Change Your Life*. Nueva York, Estados Unidos: Random House/(2009).

Amar lo que es: Cuatro preguntas que pueden cambiar tu vida. España: Books4pocket.

KEARNEY, D., C. MALTE, C. MCMANUS, M. MARTINEZ, B. FELLEMAN y T. SIMPSON (2013). «Loving-Kindness Meditation for Posttraumatic Stress Disorder: A Pilot Study». *Journal of Traumatic Stress* 26 (2): 426-434.

KLIMECKI, O., S. LEIBERG, C. LAMM y T. SINGER (2013). «Functional Neural Plasticity and Associated Changes in Positive Affect After Compassion Training». *Cerebral Cortex* 23 (7): 1552-1561.

KORNFIELD, J. (2008). *The Wise Heart: A Guide to the Universal Teachings of Buddhist Psychology*. Nueva York, Estados Unidos: Bantam Books.

——— (1996). «Bahiya». Adaptado de *Udana*, traducido por F. L. Woodward, en *Teachings of the Buddha*, editado por J. Kornfield, con G. Fronsdal. Edición revisada y extendida. Boston (Estados Unidos) y Londres (Reino Unido): Shambhala.

KRISHNAMURTI, J. *The Book of Life*. http://www.dasglueck .de/download/krishnamurti/The_Book_of_Life.pdf (meditación del 8 de noviembre).

LAW, W. (2011). «An Analogue Study of Loving-Kindness Meditation as a Buffer Against Social Stress». Conferencia, University of Arizona.

LEVINE, P. (1997) *Waking the Tiger: Healing Trauma*. Berkeley (California), USA: North Atlantic Books. / (2013) *Sanar el trauma*. Madrid, España: Neo-Person.

MACBETH, A. y A. GUMLEY (2012) «Exploring Compassion: A Meta-analysis of the Association Between Self-Compassion and Psychopathology». *Clinical Psychology Review* 32 (6): 545–52.

MANDELA, N. (2013). *Long Walk to Freedom: The Autobiography of Nelson Mandela*. Nueva York, Estados Unidos: Little, Brown and Company/(2013). *El largo camino hacia la libertad: La autobiografía de Nelson Mandela*. España: Aguilar.

MARCUS AURELIUS (2006). *Meditations*. Traducido por M. Hammond. Londres, Reino Unido: Penguin Classics.

MASON, M., M. NORTON, J. VAN HORN, D. WEGNER, S. GRAFTON y C. MACRAE (2007). «Wandering Minds: The Default Network and Stimulus-Independent Thought». *Science* 315 (5810): 393-395.

McGonigal, K. (2012). *The Neuroscience of Change*. Audio CD. Boulder (Colorado), Estados Unidos: Sounds True.

McIntosh, P. (1988). «White Privilege: Unpacking the Invisible Knapsack», extraído de *White Privilege and Male Privilege: A Personal Account of Coming to See Correspondences through Work in Women's Studies*. Wellesley College Center for Research on Women. Documento de trabajo nº 189.

Mischel, W. (2014). *The Marshmallow Test: Mastering Self-Control*. Nueva York, Estados Unidos: Little, Brown and Company. / (2015) *El test de la golosina: Cómo entender y manejar el autocontrol*. España: Debate.

Moffitt, P. (2008). *Dancing with Life: Buddhist Insights for Finding Meaning and Joy in the Face of Suffering*. Nueva York, Estados Unidos: Rodale/(2009). *Bailando con la vida: Intuiciones budistas para hallar sentido y alegría frente al sufrimiento*. Barcelona, España: Kairós.

Moore, A. y P. Malinowski (2009). «Meditation, Mindfulness and Cognitive Flexibility». *Consciousness and Cognition* 18 (1): 176-186.

Morris, T., M. Spittle y A. Watt (2005). *Imagery in Sport*. Champaign, IL: Human Kinetics.

Moss, M. (2014). *Salt, Sugar, Fat: How the Food Giants Hooked Us*. Nueva York, Estados Unidos: Random House.

National Institutes of Health, National Institute on Drug Abuse (2012). *DrugFacts: Understanding Drug Abuse and Addiction*. www.drugabuse.gov/publications/drugfacts/understanding-drug-abuse-addiction, noviembre.

Neff, K. y C. Germer (2013). «A Pilot Study and Randomized Controlled Trial of the Mindful Self-Compassion Program». *Journal of Clinical Psychology* 69 (1): 28-44.

Neyfakh, L. (2013). «Texting and Driving: A Deadly Habit». *The Week*. theweek.com/articles/457554/texting-driving-deadly-habit, 3 de noviembre.

Nhat Hanh, Thich (1975). *The Miracle of Mindfulness: An Introduction to the Practice of Meditation*. Boston, Estados Unidos: Beacon Press/ (2014). *El milagro de mindfulness*. Barcelona, España: Oniro.

Nilsen, P., K. Roback, A. Broström y P. Ellström (2012). «Creatures of Habit: Accounting for the Role of Habit in Implementation

Research on Clinical Behavior Change». *Implementation Science* 7 (53): 1-6.

OUELLETTE, J. Y W. WOOD (1998). «Habit and Intention in Everyday Life: The Multiple Processes by Which Past Behavior Predicts Future Behavior». *Psychological Bulletin* 124 (1): 54-74.

POSTLETHWAITE, M. *Clearing*. Poema inédito.

PROCHASKA, J., C. DICLEMENTE Y J. NORCROSS (1992). «In Search of How People Change: Applications to Addictive Behaviors». *American Psychologist* 47 (9): 1102-1114.

QUINN, J., A. PASCOE, W. WOOD Y D. NEAL (2010). «Can't Control Yourself? Monitor Those Bad Habits». *Personality and Social Psychology Bulletin* 36 (4): 499-511.

ROSENBERG, M. (2003). *Nonviolent Communication: A Language of Life*. 2.ª ed. Encinitas (California), Estados Unidos: PuddleDancer Press/(2006). *Comunicación no violenta: un lenguaje de vida*. Buenos Aires, Argentina: Gran Aldea.

SALZBERG, S. (1995). *Lovingkindness: The Revolutionary Art of Happiness*. Boston, Estados Unidos: Shambhala Publications.

SEPPÄLÄ, E. (2014). «18 Science-Based Reasons to Try Loving-Kindness Meditation». *Huffington Post*. www.huffingtonpost.com/emma-seppala-phd/18-science based-reasons-t_b_5823952. html, 7 de septiembre.

SHAPIRO, S., L. CARLSON, J. ASTIN Y B. FREEDMAN (2006). «Mechanisms of Mindfulness». *Journal of Clinical Psychology* 62 (3): 373-386.

SHIHAB NYE, N. (1995). «Kindness». *Words Under the Words: Selected Poems*. Portland (Oregon), USA: Far Corner Books.

SUZUKI, S. (1998). *Zen Mind, Beginner's Mind*. New York, USA: Weatherhill/(2015). *Mente zen, mente de principiante*. Madrid, España: Gaia.

TOLLE, E. (2003). *Realizing the Power of Now: An In-Depth Retreat with Eckhart Tolle*. Audio CD. Boulder (Colorado), Estados Unidos: Sounds True.

TONELLI, M. Y A. WACHHOLTZ (2014). «Meditation-Based Treatment Yielding Immediate Relief for Meditation-Naïve Migraineurs». *Pain Management Nursing* 15 (1): 36-40.

TRUNGPA, C. (1999). *The Essential Chögyam Trungpa*. Boston, Estados Unidos: Shambhala Publications/*Enseñanzas esenciales de Chög-*

yam Trungpa. Recopilación por Carolyn Rose Gimian. Vitoria, España: La Llave.

Wood, W., J. Quinn y D. Kashy (2002). «Habits in Everyday Life: Thought, Emotion, and Action». *Journal of Personality and Social Psychology* 83: 1281-1297.

Yongey Mingyur (2007). *The Joy of Living: Unlocking the Secret and Science of Happiness*. Con E. Swanson. Nueva York, Estados Unidos: Harmony Books.

SOBRE EL AUTOR

Hugh G. Byrne, doctor en filosofía, es profesor en la Comunidad de Meditación del Insight de Washington y cofundador del Instituto de Formación en Mindfulness de Washington. Ha trabajado extensamente en el campo de los derechos humanos y la justicia social y está comprometido a defender los beneficios del mindfulness y otras prácticas contemplativas para ayudar a aliviar el sufrimiento del mundo. Imparte clases, retiros y talleres en los Estados Unidos y en el ámbito internacional. Reside en Silver Spring (Maryland).

La autora del prólogo, TARA BRACH, practica la meditación desde 1975 y dirige retiros de meditación budista en centros de América del Norte y Europa. Es doctorada en Psicología Clínica y autora de los libros *Aceptación radical* y *Refugio verdadero*.

ÍNDICE